indayi

edition

Kinder, die unglücklich sind, sind nicht unglücklich gezeugt und geboren. Wir Eltern sind diejenige, die sie zum großen Teil zum Unglücklichsein programmiert haben, und das fängt, wie ich im Kapitel 1 zeige, schon in der Schwangerschaft an. Wir hypnotisieren unsere Kinder negativ.

Über den Autor

Dantse Dantse ist gebürtiger Kameruner und Vater von fünf Kindern. Als sechstes Kind einer großen Familie von über 30 Kindern kümmerte er sich, wie üblich in Afrika, schon früh um seine kleineren Geschwister und wurde dafür schon als Kind gezielt im Bereich Erziehung und Kinder- und Familienpsychologie ausgebildet. Dies zusammen mit seinen intensiven Coachingerfahrungen in Deutschland, wodurch er die europäischen Sichtweisen kennenlernte, macht ihn zu einem kompetenten, erfahrenen und vielseitigen Erziehungsexperten. Viele Familien und Kinder verdanken ihm ein entspannteres und glücklicheres Leben.

Dantse hat in Deutschland studiert und lebt seit über 25 Jahren in Darmstadt. Stress, Burnout, Spiritualität, Körper, Familie und Liebe – das sind nur einige wenige der Gebiete, auf denen sich der Coach und Autor in den letzten Jahren erfolgreich profilieren konnte.

Als unkonventioneller Autor schreibt er gerne Bücher, die seine interkulturellen Erfahrungen widerspiegeln. Er schreibt über alles, was Menschen betrifft, berührt und bewegt, unabhängig von kulturellem Hintergrund und Herkunft. Er schreibt über Werte und über Themen, die die Gesellschaft nicht gerne anspricht und am liebsten unter den Teppich kehrt, unter denen aber Millionen von Menschen leiden. Er schreibt Bücher, die das Ziel haben, etwas zu erklären, zu verändern und zu verbessern – seien es Ratgeber, Sachbücher, Romane oder Kinderbücher.

Sein unverwechselbarer Schreibstil, geprägt von seiner afrikanischen und französischen Muttersprache, ist sein Erkennungsmerkmal und wurde im Text erhalten und nur behutsam lektoriert.

Dantse Dantse

Unglückliche Kinder – noch mehr Dinge, die wir Falsch machen können

Von Ängsten über Urvertrauen bis Pubertät

So misslingt die Erziehung unserer Kinder garantiert

indayi

i

edition

Aufstand der Kinder

„Papa, Mama, jetzt rebelliere ich. So will ich nicht mehr. Lasst mich einfach Kind sein und raubt mir meine Energie nicht mehr!"

Besuch uns im Internet
www.indayi.de

indayi

i

edition

Wichtiger Hinweis:
Die im Buch veröffentlichten Ratschläge wurden mit größter Sorgfalt und
nach bestem Wissen vom Autor erarbeitet. Eine Garantie kann jedoch weder vom Verlag noch von den Verfassern gegeben werden.
Das Werk und seine Teile sind urheberrechtlich geschützt. Jede Nutzung in
anderen als den gesetzlich zugelassenen Fällen bedarf der vorherigen
schriftlichen Einwilligung des Verlages.

2. Auflage Januar 2016
© indayi edition, Darmstadt
Umschlaggestaltung, Satz und Lektorat: Birgit Pretzsch
Foto (Umschlag): © fotolia.de, vitalinka
Printed in Germany

ISBN 978-3-946551-03-4

Die Philosophie von indayi edition ist es, den Lesern so viel Auswahlmöglichkeiten wie möglich zur Verfügung zu stellen, d.h., Leser, die wenig Geld haben, oder wenig Zeit um dicke Bücher zu lesen, haben die Möglichkeit kleinere Teilbände zu kaufen.

Deswegen gibt es den Komplett-Erziehungsratgeber **Aufstand der Kinder: „Papa, Mama, jetzt rebelliere ich! Lasst mich einfach Kind sein!"** auch in 2 Teilen. So kannst du als Leser den Themenbereich auswählen, der dich mehr anspricht, bzw. für weniger Geld erst einmal mit einem Buch starten und bei Gefallen das zweite erwerben.

Da beide Teile zusammengehören, enthält jeder das gleiche Vorwort und die gleiche Einleitung, um den Zusammenhang zu betonen.

Der Komplett-Erziehungsratgeber enthält neben den Themen der beiden Teile auch viele ergreifende Erfahrungsberichte von Kindern und Eltern, die aufzeigen, wie schwer manche Erziehungsfehler, die uns allen passieren können, unsere Kinder dauerhaft schädigen.

Solltest du nach dem Kauf eines der Teilbücher gerne den Komplett-Ratgeber erwerben, kontaktiere uns unter info@indayi.de, damit wir dir einen Rabatt geben können!

Themen in diesem Buch „Unglückliche Kinder – noch mehr Dinge, die wir Falsch machen können"

Negative externe Einflüsse

- Übertriebener materieller und immaterieller Konsum
- Übermäßiger Medienkonsum
- Veränderte Freizeitaktivitäten
- Überbewertung der Pubertät
- Mobbing unter Kindern
- Negative Haltung unserer Gesellschaft Kindern gegenüber
- Rassismus, Diskriminierung, Ausgrenzung

Negative Programmierung

Überforderung und Versagensängste der Kinder

- Zu große und übermäßige Erwartungen
- Unpassende und ehrgeizige Wünsche und Träume der Eltern
- Schule kann krank machen
- Sport und Freizeitaktivitäten können krank machen

Mangel an Glauben

Vermittlung falscher Werte und Normen

Unausgeglichene Rollenverteilungen in der Familie

Verlagerung von Erziehungsinstanzen

Zeitmangel

Urvertrauen und Vertrauensstörungen

Komplexe aller Art

Scheidung und Trennung

Bewegungs- und Sportmangel, schlechte Ernährung

Wir lassen Kinder nicht mehr Kinder sein

Die Sexualisierung von Mädchen

Liebeskummer und sexuelle Frustration bei Kindern

Themen in „Unglückliche Kinder – was machen wir bloß Falsch?"

Die Erziehung der Eltern
- Auseinandersetzung mit der eigenen Kindheit
- Schlechte Abnabelung von den eigenen Eltern
- Negative Programmierung in der Kindheit
- Stress in der Schwangerschaft
- Überforderung, Druck, Stress und Depression
- Geringes Selbstwertgefühl der Eltern
- Unglückliche Eltern
- Gewalt, Drogen, Alkohol
- Eine Mutter ohne Weiblichkeit
- Sexuelle Frustration
- Mangelnde Liebe und Selbstliebe der Eltern

Falscher Erziehungsstil der Eltern
- Überbehütung und Vernachlässigung
- Burnout- und Depression-fördernde Erziehung
- Antiautoritärer und autoritärer Stil
- Grenzen- und Respektlosigkeit
- Kinder zur Krankheit konditionieren
- Falsche Ernährung, die zu Übergewicht führt
- Erziehung zu Unselbständigkeit und Abhängigkeit
- Schlechte Abnabelung der Kinder – zu früh oder zu spät
- Die Erbschaft – ein Instrument der Machterhaltung
- Zu frühe Selbständigkeit der Kinder
- Perfektionsdrang
- Zu viele Erklärungen und Gespräche
- Falsche Gerechtigkeit
- Kinder nicht lehren zu geben
- Warnung, Angst und Sorge als Erziehungsmethode
- Zu viel Lob, falsches und unangebrachtes Lob, zu viel Kritik
- Gewalt in der Erziehung
- Selbstlose Erziehung ist eine Selbstlüge
- Sexuelle Belästigung von Kindern
- Mobbing innerhalb der Familie

Inhaltsverzeichnis

- Glückliche Eltern erziehen glückliche Kinder

- Kindererziehung fängt mit Eltern-(Um)erziehung an

- Kinder brauchen kein Geld, sondern Liebe, Zeit und Gerechtigkeit

- Liebe dein Kind und lasse es frei

- Kinder brauchen nicht unsere Sentimentalität, sondern unsere Liebe

- Ein Kind ohne Glauben ist gefundenes Fressen für Psychologen und Esoteriker

- Eltern tragen die Hauptverantwortung dafür, wie glücklich oder unglücklich ihre Kinder morgen sein werden

- Der erste Kindergarten unserer Kinder ist die Familie

- Lieben wir zuerst uns selbst, dann können wir unsere Kinder lieben

- Wir gebären Kinder aber wir gebären ihre Herzen nicht

- Unsere Kinder sind weder unser Privateigentum noch unsere Aushängeschilder

- Überbehütung der Kinder bedeutet, diese von uns abhängig zu machen, wenn sie erwachsen sind

- Wir dürfen unsere Kinder nicht so erziehen, dass sie unsere „Prostituierten" werden

- Erbschaft kann schaden. Kinder sind nicht dazu geboren, unser Leben nach unserem Tod aufrechtzuerhalten und unsere Lasten zu tragen

- Eltern als Energievampire? Viele Eltern rauben auch aus Liebe die Energie ihrer Kinder

- Manche Erziehungsmethoden sind mit Körperverletzungen gleichzustellen

- Psychische Gewalt kann mehr zerstören als körperliche Gewalt. „Du Dummerchen" kann die Seele eines Kindes mehr zerstören als ein schwerer Klaps

- Eltern sind die ersten Psychologen, Trainer, Ärzte, Coachs, Lehrer der Kinder,

- Anfälligkeit für Burnout, Depressionen und psychische Krisen im Erwachsenenalter findet oft ihren Ursprung in der Kindheit; dort vermasseln Eltern die Zukunft der Kinder

Danksagung

Ich bedanke mich bei vielen Familien, Eltern und Kindern (auch Erwachsene sind jemandes Kinder) für ihre Beiträge, Mails, hunderte von Gesprächen. Mit manchen war ich fast vier Jahre in Kontakt. Sie haben mir geholfen dieses Buch zu schreiben. Ohne ihre Erzählungen und praktischen Erfahrungen würde es dem Buch an einigen Informationen fehlen. Ich bedanke mich sehr bei Eltern, die sich für dieses Buch Coachen ließen, meine Tipps und Tricks testeten und mir somit detaillierte, wichtige Informationen gaben.

Ich bedanke mich ganz herzlich bei den fünf Lehrerinnen und Erzieherinnen aus Darmstadt, die mir viele wertvolle Informationen über Kinder in der Schule und im Kindergarten gaben.

Ich bedanke mich ganz besonders bei dir, „dem Besten", wie ich dich zu nennen pflege: der Kinderpsychologe mit dem ich über fast ein Jahr stundenlange, manchmal heftige Diskussionen hatte. Dein Input hat mir sehr geholfen und unsere Streitereien haben uns beide vorwärts gebracht. LG.

Ich bedanke mich vom Herzen bei den vier Müttern, die seit fast drei Jahren intensiv mitgemacht haben, als ich erproben wollte, welchen Einfluss die Einstellung der Eltern zu Krankheiten (wie sie damit umgehen, wenn Kinder krank sind) auf die spätere Gesundheit der Kinder bis im Erwachsenen Alter hat. **Man kann Kinder so erziehen, dass sie prädisponiert sind, öfter oder seltener krank zu sein.**

Ich bedanke mich bei allen Müttern meiner Kinder und bei meinen fünf Kindern selbst für ihre ständige Inspiration, ihre Offenheit und ihr Verständnis.

Ich bedanke mich bei meinem jüngeren Bruder aus Hamburg, der weise R. Für mich ein Genie, wenn er detailliert beschreibt, wie Eltern ihre Kinder missbrauchen, um ihre eigene Schwäche zu kompensieren. Viele Punkte in diesem Buch tragen seine Unterschrift.

Ich bedanke mich zuletzt bei meiner Mutter und meinem verstorbenen Vater, die mir ermöglicht haben, dass ich soweit komme und schreiben darf. Ohne das, was sie mir gegeben haben (Glaube, Selbstvertrauen, Selbstbewusstsein, Selbstliebe) und auch ohne ihre Fehler, hätte ich die vielen Schwierigkeiten in meinem Leben nicht gemeistert – und die habe in ausreichender Zahl gehabt und manche hätten mich wirklich umbringen können. An meine Mutter einen ganz besonders großen Dank dafür, wie sie, als ich mich mit meiner Kindheit und ihrem Erziehungsstil auseinandersetzte, zu ihren Fehler stand und ihre Verfehlungen anerkannte. Sie machte nicht zu, sie verteidigte sich nicht. Somit half sie mir, mich zu entfalten, noch glücklicher zu sein und sie noch mehr zu schätzen. Das führte dazu, dass ich schnell erkannte, was in meiner Kindheit nicht gut war, und dies deswegen meinen Kindern nicht weiter gab.

Anmerkung: Alle Namen und Orte wurden geändert.

So rauben wir unseren Kindern die lebensnotwendige Energie und werden aus Liebe zu Energievampiren.

Die Gründe, warum unsere Kinder immer schwächer, antriebsloser, ängstlicher, anfälliger, unfähiger und vor allem unglücklicher werden und wir auch.

Mit vielen Geschichten des Autors über seine eigene, sehr spannende Kindheit in einer Familie, in der der Vater mit drei Frauen mehr als 30 Kinder hatte und alle unter einem Dach lebten.

Vorwort

Viele Bücher beschäftigen sich mit Kindererziehung. Es wird viel darüber geschrieben und es werden viele Tipps gegeben, wie wir unsere Kinder zum Glücklichsein erziehen können und das ist gut so. Aber die Rolle und die Verantwortung der Eltern werden nicht intensiv genug berücksichtigt. Wir Eltern aber sind die ersten Verantwortlichen für das Glück unserer Kinder. Glückliche Eltern erziehen glückliche Kinder, aber unglückliche Eltern auch unglückliche Kinder. Glückliche Eltern wurden von ihren Eltern glücklich erzogen, oder sie haben sich selbst zum Glücklichsein umerzogen.

Ich glaube, bevor man darüber redet, wie man Kinder glücklich erziehen kann, sollte man zuerst genau wissen, was Kinder unglücklich macht, bzw. warum und wodurch Kinder unglücklich sind. Es ist hilfreich, die Fehler, die Eltern oft unbewusst und unbeabsichtigt bei der Erziehung machen, zu erkennen, um diese besser zu beseitigen und zu korrigieren.

Zwar wird in vielen Büchern darüber geschrieben, aber ich finde die Erklärungen nicht tiefgründig genug. Deswegen ist dieses Buch angebracht, in dem ich versuche das Thema, warum unsere Kinder immer unglücklicher werden, intensiver als bisher zu analysieren.

Wir nennen uns die intelligentesten und fortschrittlichsten Menschen, die die Welt bis jetzt kennt. Wir haben studiert. Wir haben über Menschen und deren Verhalten und Seelen geforscht. Wir können auf dem Mond landen. Wir führen Kriege, in denen wir Millionen von Menschen töten. Wir vergleichen uns sogar mit Gott. Wir sagen, dass wir in der

Lage sind Menschen „herzustellen", aber wir schaffen es nicht das Einfachste, was das kleinste Tier der Welt schafft, zu erreichen? Nämlich unsere Kinder glücklich zu erziehen. **Kann man sich intelligent nennen und sein Kind unglücklich erziehen?** Meiner Meinung nach nicht! Und müssten wir Eltern uns dafür verantworten bzw. dafür haften, dass wir unsere Kinder unglücklich gemacht haben, würden wir uns bewusster mit dem Thema auseinandersetzen.

Die Frage, ob wir Eltern mithaften müssen für die Schäden, die wir unseren Kindern zugefügt haben oder zufügen, ist berechtigt. Ist es nicht Körperverletzung, wenn Eltern kleine Kinder von 2, 3, 4, 5, 6, 7, 8 Jahren den ganz Tag alleine vor den Fernseher, das Internet, den Computer setzten? Gewaltszenen aller Art, sexuelle Bilder, technische Effekte, womit das junge, noch nicht voll entwickelte Gehirn nicht mithalten kann: ist das alles, was die Kinder absorbieren nicht für die Seele gleichzusetzen mit schweren Körperverletzungen durch Schlägen, Missbrauch Misshandlung usw.? Ist es nicht Gewalt an Kindern und ähnlich als würde man die Kinder mit scharfen Waffen und Munitionen ausstatten, wenn Eltern kleinen Kindern Smartphone, Tablet, PC und Co. mit vollem Internetzugang geben, mit dem sie ungeschützt im Internet alle Inhalte (Porno, Gewalt, Blutsszenen usw.) konsumieren können? Wie kann ein Kind dabei den Lustschrei einer Frau beim Sex, die ihr Gesicht verzieht und vielleicht sogar weint, weil sie glücklich ist, als etwas Gutes erkennen? Wie kann dieses Kind Szenen verkraften, in denen es sieht, wie Menschen sich bekämpfen, sich schlimm verletzen, wie jemanden das Herz herausgenommen wird? Ist das nicht ein Verbrechen mit Vorsatz an Kindern? (Lies, wie ein 16-jähriger schreibt, wie er anfing sich vorzustellen Menschenfleisch zu essen. Er sah schon mit neun im Internet sexuelle Kannibalismusszenen – zwar als Spiel, aber sie beeinflussten seine Fantasiewelt negativ. Seine Eltern hatten ihm einen Laptop mit Internetzugang geschenkt als er acht war. Immer frühmorgens bevor er zur Schule ging, als seine Eltern noch schliefen, war er schon unterwegs im Internet. Mehr dazu im Erfahrungsbericht von Nick).

Sollte Kindern nicht das Recht eingeräumt werden, ihre Eltern wegen schwerer Verfehlungen in der Erziehung anzuklagen, damit sie sich zum Beispiel an Therapiekosten beteiligen? Es ist vielleicht nur eine Frage der Zeit, bis diese Möglichkeit kommt. Zwar regelt das Gesetzt die Erziehung zu Hause nicht, aber es könnte bewirken, dass Eltern aus Angst ernsthaft sensibilisiert werden und sich mehr bemühen, ihre Kinder glücklich zu machen. Gesetz und Strafe können helfen. Zum Beispiel ist die körperliche Gewalt an Kindern stark zurückgegangen seit diese verboten wurde. Die Rechte von Kindern sollte man noch mehr stärken.

Der Titel „Aufstand der Kinder" klingt kämpferisch, zeigt aber auch den Ernst der Situation, denn wenn wir unsere Kinder weiter so erziehen, werden wir Morgen nur unfähige Erwachsene haben.

Kindererziehung bleibt für mich nicht bei den Kindern stehen, sondern schließt auch die Erwachsenen ein, die auch im weitesten Sinn weiter Kinder sind. Wir sind weiter Söhne und Töchter unserer Eltern. Deswegen benutze ich das Wort Kind in manchen Fällen allgemeiner.

Ich bin kein studierter Kinderpsychologe oder Pädagoge, dennoch bin ich es als Vater von fünf Kindern und als ältester Sohn einer afrikanischen Großfamilie. In Afrika erziehen die Ältesten die Kleineren, und so musste ich das auch tun. Die Eltern übertragen diese Rolle sehr früh an die Ältesten und davor werden sie jahrelang darauf vorbereitet, denn der beste und erste Psychologe der Kinder sind doch die Eltern. Weiter Informationen über meine Kindheit in Afrika findest du im folgenden Kapitel „Über mich".

Schon sehr früh wurde mir beigebracht, wie Eltern die Zukunft ihrer Kinder lenken können.

Kindererziehung fängt mit Elternerziehung an, schon ab dem Moment, wenn die Frau schwanger ist. Stress in der Schwangerschaft erhöht das Risiko für Depressionen und andere seelische Störungen bei Kindern.

Eine gelungene Erziehung erkennt man, wenn das Kind erwachsen ist und sein Leben selbständig ohne Hilfe der Eltern glücklich meistert. Einen gesunden Baum erkennt man an seinen Früchten.

Seelische Störungen, Burnout, innere Instabilität und Leere, Unglücklichsein, Sorgen, Ängste, Minderwertigkeitsgefühle werden durch die Erziehung in der Kindheit entweder begünstigt oder unterbunden.

Ob Kinder glückliche, starke, selbstbewusste, fröhlich und erfolgreiche Menschen werden, hängt im Wesentlichen davon ab, wie die Erziehung der Eltern war, was sie erlebt haben, wie ihre jetzige seelische Situation ist und was sie den Kindern weitergeben.

Nur wer glücklich ist und sich liebt, kann auch Liebe geben und glückliche Kinder erziehen, indem er das Glücklichsein vorlebt und nicht nur darüber spricht.

Kann man von der Erziehung eines Kindes reden, ohne auch von der Erziehung der Eltern zu reden? Ich glaube, bei der Erziehung eines Kindes muss man immer eine Generation zurückgehen, in die Generation der Eltern. Dort liegt die Wiege einer glücklichen und erfolgreichen Erziehung.

Ich weiß, dass Kinder, auch wenn sie schlimmste Erfahrungen mit ihren Eltern gemacht haben, trotzdem immer versuchen ihre Eltern zu verteidigen, ihre Missetaten zu erklären, zu rechtfertigen. Ich kenne sogar eine Frau, die von ihrem Vater missbraucht wurde, und noch versuchte, den Vater zu verstehen. Sie versuchte alles zu tun, damit man ihren Vater nicht als Verbrecher abstempelt. Ich weiß, dass viele Menschen ungern zurück in die Vergangenheit schauen möchten, besonders, wenn sie das subjektive Gefühl haben, dass diese Vergangenheit nicht immer so schön war.

Die Gesellschaft sieht solches Zurückblicken nicht gern, da man uns gelehrt hat, dass wir als erwachsene Menschen Meister unseres Schicksals sind – so schützen wir uns als Eltern und tragen unsere Schuld nicht – dementsprechend trägt auch jeder die Verantwortung für seine Handlungen, sein Verhalten und sein Benehmen selber. Das stimmt einerseits auch, weil wir die Konsequenzen unserer Handlungen an unserem eigenen Leib erfahren. Das stimmt andererseits aber auch nicht. Man trennt uns einfach von einem wichtigen Teil von uns, dem Teil, der uns stark geprägt hat, der Teil, ohne den wir gar nicht das hätten werden können, was wir sind:

unsere Kindheit. Wir sind nur zu stolz und arrogant, um zu akzeptieren, dass wir nicht die volle Kontrolle über uns selbst haben, dass andere Menschen – unsere Eltern – einen Teil Kontrolle über uns haben. Es ist bei manchen sehr offensichtlich, bei anderen kaum bemerkbar, aber dieser Einfluss besteht, egal, wie alt man ist. Und auch als Kinder haben wir einen Einfluss auf unsere Eltern. Je nachdem wie die Beziehung ist oder war – positiv oder negativ – ist der gegenseitige Einfluss auch positiv oder negativ.

Diese „fatale Liaison", diese schicksalhafte Verbindung mit unserer Vergangenheit – wie die Schildkröte, die hunderte von Kilometern zurückschwimmt, um ihre Eier genau da zu legen, wo sie selbst geboren wurde – ist auch wichtig für die Entwicklung der Menschen. Das zu wissen und anzuerkennen ist ein enormer Schritt, um unsere eigenen Kinder glücklich zu erziehen. Uns bewusst zu machen: was unser Kind Morgen sein wird – glücklich oder unglücklich – hängt zum großen Teil von uns ab, und glückliche Kinder machen uns wiederum auch glücklich! Ja, wenn wir uns das bewusst machen, würde es schon dazu führen, dass wir uns noch mehr bemühen, unseren Kindern eine gelungene Erziehung zu geben, eine Erziehung voller Liebe, Gerechtigkeit, Respekt, Einsicht, Zuwendungen, Zeit und Verständnis.

Papa, Mama, jetzt rebelliere ich! Lasst mich einfach Kind sein! ist eher ein Appell an uns Eltern, Väter und Mütter, nicht an unsere Kinder weiterzugeben, was wir in unserer Kindheit nicht schön fanden. Leider gelingt es uns, aus verschiedenen Gründen, nicht immer, uns offensiv und selbstbewusst mit unserer eigene Kindheit auseinander zu setzen. Und dann erziehen wir unsere Kinder egoistisch. Das heißt, dass wir oft das tun, was zuerst für uns als Eltern besser passt und wir gehen dann davon aus, dass es auch den Kindern passen sollte und müsste. Wir fragen uns oft nicht „was ist für das Kind gut?" Etwas kann für uns Eltern nicht passen, aber für das Kind genau das Richtige sein. Oder umgekehrt. Wir hören oft Eltern sagen „…ich kann mit diesem Erziehungsstil nichts anfangen" oder … das passt mir nicht usw." Es geht immer um uns Eltern. Es geht häufig nicht darum, ob es für die Kinder gut ist oder nicht, sondern ob es für die Eltern gut ist oder nicht, ob sie damit leben können oder nicht. Und wie können Eltern sich dann später von ihren Handlungen distanzieren und die Kinder verantwortlich machen, wenn diese wegen der Dinge, die sie von ihren Eltern aufgesaugt haben, weil diese sie gut fanden, sich kaputt machen und zum Psychologen müssen?

Wir Eltern setzen wir uns nicht mit der Erziehung durch unsere Eltern auseinander, auch wenn wir sichtlich Tonnen von Defiziten haben, die auch durch zahlreiche Therapien nicht weggehen. Wir stellen die Erziehung unserer eigenen Eltern nicht in Frage, obwohl wir leiden. Automatisch werden diese Defizite der nächsten Generation (unseren Kindern) übergeben. Das ist Energievampirismus. Wir haben kein Recht, unseren Kindern den Müll unserer Familien weiterzugeben. Sie haben das nicht verdient. Unsere Kinder sind nicht dazu da, unsere eigenen Schwierigkeiten zu lösen.

Ich habe fast vier Jahre gebraucht, um dieses Buch zu schreiben. Der Titel war für mich schon klar, aber ich wollte so viele Informationen wie möglich sammeln. Ich wollte die Ergebnisse meiner aktiven Betreuung freiwilliger Familien abwarten. Ich wollte, dass das Buch sehr praxisnah ist.

Dieses Buch ist nicht „die Wahrheit". Es sind nur meine Erfahrungen:

1- Als Vater mehrerer Kinder mit verschiedenen Müttern verschiedener Kulturen, das heißt, verschiedener sozialen Richtungen und Realitäten.

2- Als ältester Sohn einer großen Familie mit über 200 Geschwistern, Neffen und Nichten, Cousins und Cousinen.

3- Durch praktische Erfahrungen mit unterschiedlichen Kulturen: der Afrikanischen – ich bin Afrikaner und Christ; der Europäischen – vier meiner Kinder sind Afro-Deutsch, ich lebe und arbeite seit 24 Jahren in Deutschland; und der Arabischen – meine Schwester hat einen Mann dieser Kultur geheiratet und sie haben drei Kinder, die ich auch miterziehe – so setzte ich mich auch mit der islamischen Erziehung auseinander.

4- Durch das Coaching, dem Beraten von Kindern und Eltern in Deutschland.

5- Durch die Mitwirkung an zahlreichen Studien, Recherchen, Umfragen, Gesprächen, Beiträgen von Eltern, Kindern, Lehrerinnen , Erzieherinnen , Kinderärzten und Kinderpsychologen.

Die Hälfte meines Lebens habe ich in Deutschland, in Europa, verbracht. Ich hatte das Glück, unterschiedliche kulturelle Gesellschaften sehr nah und intensiv zu kennen und Menschen unterschiedlicher Kulturen zu betreuen. Wenn es um Kinder geht, habe ich in allen Kulturen die gleiche und einzige Erkenntnis gehabt: Ein Kind braucht nur Liebe, Zeit, Respekt und Gerechtigkeit. Die Liebe dabei ist das Wichtigste und in der Liebe steckt bereits alles, was nötig ist.

Am Anfang wollte ich nur ein einziges Buch schreiben, in dem die Gründe, warum unsere Kinder unglücklicher werden, sowie Tipps, Tricks und Geheimnisse für eine liebvolle Erziehung gemeinsam beschrieben würden. Aber nun habe ich mich, auch auf Anraten von Freunden und Eltern, die von meiner Idee informiert und begeistert waren, doch entschieden, zwei Bücher zu veröffentlichen, sonst wäre das Buch zu dick, zu voluminös geworden, mit zu vielen wertvollen Informationen auf einmal. Die einen oder anderen Vorschläge wären zu kurz gekommen oder untergegangen. Ich persönlich bevorzuge auch kurz gehaltene Ratgeberbücher, da man daraus schneller mehr lernen kann und weil das Gelesene länger hängen bleibt.

Ich wünsche mir, dass die Leser sich Zeit nehmen für die beiden Bände **„Unglückliche Kinder – was machen wir bloß falsch"** und **„Unglückliche Kinder – noch mehr Dinge, die wir falsch machen können"** oder für den Komplett-Ratgeber **„Aufstand der Kinder"**. Dass sie diese Bücher lesen und verstehen, was ich meine, bevor sie das nächste Buch **„Tipps, Tricks und Geheimnisse für eine liebevolle Erziehung von Kindern und Erwachsenen, mit praktischen, anwendbaren Fallbeispielen mit sofortigen positiven Ergebnissen, auch bei harten Fällen"** ebenfalls lesen. So kann ich in jedem Band das Thema sehr ausführlich beschreiben und jeden Band mit Beiträgen von Eltern über ihre eigenen Erfahrungen bereichern.

Ich möchte mit diesen Büchern weitere Lösungsansätze, neue und andere Möglichkeiten aufzeigen, damit wir Eltern unseren Horizont erweitern und am Ende selbst über unsere Art der

Erziehung bestimmen, um uns und unsere Kinder erfolgreich zum Glücklichsein zu erziehen.

Man kann leicht tolle Ratschläge geben, aber die Realität kennen immer nur die Eltern vor Ort, die meistens ihr Bestes geben, damit es ihren Kindern besser geht, auch wenn es nicht immer so klappt wie sie wollen. Manche schaffen es einfacher, weil sie die Chance hatten eine glückliche Kindheit zu erleben, oder die Fähigkeit haben sich das Glücklichsein beizubringen, andere schaffen es weniger oder kaum, weil sie das Pech hatten „unter einem schlechten Stern" geboren zu sein, oder die Kraft nicht hatten sich umzuerziehen. Aber etwas hat mir große Freude gemacht in allen Gesprächen, die ich geführt habe: das Ziel der allermeisten Eltern ist es, ihre Kinder glücklich zu sehen. Sie wollen es, aber wir können noch mehr tun und es geht genau um diese Mehr.

Dieses Buch soll auf keinen Fall so gelesen werden, als sei es das Buch von einem, der alles besser weiß, alles im Griff hat und alles super toll macht. Es ist das Buch von einem, der vielleicht auch nicht immer alles so geschafft hat, wie er es hier darstellt. Ich bin kein Experte, bzw. als Vater bin ich nur einer von vielen Experten. Kein Ratgeberbuch der Welt kann die Eltern ersetzen.

Wir denken manchmal, wir machen alles perfekt und sind die besten Ratgeber für andere Menschen. Aber irgendwann kommen doch Situationen, in denen man sieht, dass man den besten und richtigen Weg nicht kennt. Wir erkennen unsere Grenze und es wird uns bewusst, dass jeder das tut, was er kann. Aber auch dafür lohnt es sich, sich zu bemühen.

Kein Buch der Welt, kein Kindertherapeut, kein Coach, kein Psychologe kennt unsere Kinder besser als wir selbst. Kein anderer Mensch ist Experte für die Erziehung unserer Kinder, denn die wahren Experten sind die Eltern selbst.

Dieses Buch ist wie eine Plauderei unter Eltern, eine Art Austausch von Ideen und Erfahrungen.

Denn sich austauschen kann sehr helfen – na dann, tauschen wir uns aus!

Über mich

Mein Wissen beruht auf praktischen, langjährigen und direkten Erfahrungen:

- seit 22 Jahren als Vater und Erzieher von mehreren Kindern verschiedener Frauen aus verschiedenen Kulturkreisen, der afrikanischen und europäischen bzw. deutschen Kultur, die ich seit über 22 Jahren jeden Tag erlebe. Die Mütter meiner Kinder kommen selbst ebenfalls aus Familien mit sehr unterschiedlichen Strukturen und Bildungsniveaus. Das macht für mich als Vater die Erziehung jedes Kindes anders und spannend, aber auch herausfordernd.

- Als ältester Bruder einer afrikanischen „Truppe" von acht Kinder meiner Mutter (und über 20 Kindern meines Vater, der drei Frauen hatte), für die ich nach unserer Kultur sehr früh die Funktion eines Erziehers (hier Vater und Mutter) übernehmen musste. Dafür musste ich ständig geschult werden. Das war eine echte Erziehungsschule mit viel Theorie, aber vor allem sehr praktischer und pragmatischer Wissensvermittlung, mit vielen Prüfungen, die mir persönlich halfen und mir auch halfen, die Vertretung meiner Eltern erfolgreich zu übernehmen. Das Beste dabei war, dass die ältesten Kinder geschlechtsneutral ausgebildet wurden. Das heißt, wir wurden ausgebildete, gleichzeitig die Funktion von Papa und Mama übernehmen zu können. Ich bin also Papa und Mama seit ich 12 Jahre alt war. Verantwortung und Wissen wurden immer nach und nach vermittelt, so dass es nach unserer Kultur altersgerecht war und so habe ich es als Kind auch empfunden. Heute freue ich mich sehr, diese

Erfahrungen gemacht zu haben, die meine jüngeren Geschwister „leider" nicht in so einem Maß kennen. Aus diesen Erfahrungen habe ich sehr viel gelernt und viel Wissen gesammelt, das man kaum aus Büchern lernen kann.

- Als Coach und Berater habe ich viele Menschen – Frauen, Männer, Paare, Kinder – unterschiedlicher Kontinente, Kulturen, sozialer und beruflicher Kreise betreut. Dabei habe ich zum Beispiel gelernt, dass wir als Erwachsene trotzdem noch die Kinder unserer Eltern sind. Egal wie gefestigt, wie erfolgreich die Menschen sind, sie sind doch im Grunde immer noch sehr mit ihrer Kindheit verbunden und mit dem, was ihren Eltern passierte oder noch passiert.

Ich kann also sagen, dass ich als praktischer „*Kinder und Familienpsychologe*" tätig bin, seit ich Kind war und dies nun seit über 36 Jahren erfolgreich ausübe.

Ich bringe Erfahrungen aus zwei unterschiedlichen Kulturen mit, die ich vereinen musste, um meinen Kindern das Bestmögliche zu geben. Dieses Wissen und diese Erfahrungen haben die Menschen, die meinen Rat suchten, immer als eine große Bereicherung empfunden.

Meine afrikanisch-inspirierten Tipps und Tricks helfen Eltern, auch noch so harte Nüsse weichzukochen, und das alles mit Liebe, Geduld, Konsequenz und Gerechtigkeit. Dafür ist es sehr wichtig sich selbst zu kennen, zu lieben und sich zum Glücklichsein zu erziehen.

Kurze Einleitung

Warum können manche Kinder bestimmte Krisensituationen besser verarbeiten als andere? Warum sind manche Kinder glücklich und anderen nicht?

Warum können manche Eltern bestimmte Krisensituationen besser verarbeiten als andere? Warum sind manche Eltern glücklich und andere nicht?

Warum werden Kinder immer unglücklicher?

Der erste Grund sind wir Eltern selbst.

Die glückliche Erziehung der Kinder fängt mit der glücklichen (Um)Erziehung der Eltern an.

Eltern, die unglücklich sind, können schwerlich ihre Kinder glücklich machen. Eltern, die von ihren eigenen Eltern nicht glücklich erzogen wurden, können nicht ohne weiteres ihren eigenen Kindern glückliche Gefühle weitervermitteln.

Nur wer von seinem eigenen Elternhaus früh gelernt hat glücklich zu sein, kann dies auch erfolgreich seinen Kindern beibringen. Wer das nicht erleben konnte, muss sich um/neu/anders-erziehen, sich von seiner unglücklichen Kindheit distanzieren, um dann seine Kinder glücklich zu erziehen.

Unsere Kindheit beeinflusst unsere Handlungen und Gewohnheiten massiv – ob wir es wollen oder nicht. Nur wem das bewusst ist, kann aktiv und gezielt davon profitieren.

Auf jeden Fall ist bei der Kindererziehung eine kritische Betrachtung der eigenen Kindheit sehr wichtig, da der Mensch bekanntlich das in der Familie gelernte Muster unbewusst weitergibt. Das ist das erste Geheimnis glücklicher und erfolgreicher Erziehung von Kindern, damit sie es als Erwachsene einfacher haben und bei Schwierigkeit nicht kaputtgehen.

Wir Eltern sind die ersten Psychologen, Lehrer, Coachs unserer Kinder!

Wir tragen eine große Verantwortung dafür, dass unsere Kinder morgen glücklich, stark und selbstbewusst sind.

Minderwertigkeitskomplexe, niedriges Selbstwertgefühl und mangelnde Selbstliebe haben ihr Wurzeln in der Kindheit.

Wir können als Eltern das Leben unserer Kindern bewusst entscheidend erleichtern oder auch verkomplizieren und ihnen ihre Energie ständig rauben. Wir können Energievampire sein. Das bedeutet, dass wir unseren Kindern die Kraft nehmen, sie unsicher machen, Ängste in sie implantieren und Minderwertigkeitskomplexe fördern, die Vorboten seelischer Krankheiten.

Energievampire sind, anders als allgemein angenommen, nicht nur Menschen, die uns bewusst oder unbewusst schaden wollen, sondern es können auch Menschen sein, die uns übertrieben Gutes tun wollen.

Wir werden gemeinsam viele Punkte angehen und wir werden sehen, wie wir Eltern oft die Energie unsere Kinder rauben, ohne es zu wollen und ihnen das wegnehmen, was sie brauchen, um Kraft zu haben. Unsere „selbstlose" Art ist nicht unbedingt das, was unseren Kindern gut tut, sondern was uns gut tut, uns allein.

Wir programmieren und Konditionieren unsere Kinder unbeabsichtigt oder beabsichtigt zum Unglücklichsein. Wir hypnotisieren sie negativ.

Viele Bereiche gehen so ineinander über ,dass es vorkommen kann, dass gleiche Themen in mehreren Bereichen angesprochen werden, dies geschieht mit Absicht, damit ich ausführlich über die Gründe, die dazu führen, dass unsere Kinder unglücklich sind, schreiben kann.

Wie schon gesagt, tauschen wir uns jetzt aus.

Negative externe Einflüsse

Übertriebener materieller und immaterieller Konsum, unpassende Geschenke im falschen Alter, übermäßige Vergnügungen mit vergänglichen Dingen

Unserer Gesellschaft geht es materiell immer besser, doch eine paradoxe Auswirkung davon ist, dass es gerade das Materielle ist, das am Ende die Menschen traurig, frustriert und unglücklich macht.

Es ist manchmal wie ein Wettlauf gegen die Zeit: konsumieren bis es nicht mehr geht. In manchen Familien ist der Konsum wie ein Hobby, ein Hobby, das die Seelen der Kinder verdirbt und krank macht.

Konsum wird als wichtiges Element genutzt, um Harmonie in der Familie zu haben, um Liebe zu zeigen, um Streit zu beseitigen, um seine Schwäche und Fehler zu verdecken, um die mangelnde Zeit für die Kinder zu kompensieren.

Wenn es um Konsum geht redet man meistens über materielle Dinge, wie Spielzeug, Kleidung, Medien (TV, Internet, Computerspiele usw.), Essen – eben alles, was man mit Geld kaufen kann, Dingen, die man üblicherweise vergängliche Sache nennt.

Darüber habe ich in vielen Kapiteln dieses Buches geschrieben. Wir kennen zum Beispiel schon die Folgen von übermäßigem Konsum von Fernsehen, Computerspielen und Co.

Ich möchte hier auch über eine andere Art von Konsum reden, die wir wenig beachten, die aber unsere Kinder rasant krank macht.

Bei meinen Beobachtungen und Recherchen habe ich eine andere Art von Konsum gesehen, der Kinder auch kaputt machen kann: **Der übermäßige Konsum an immateriellen Dingen.**

Dinge, die als Werte und als nicht vergänglich gelten, werden zu Konsumwaren degradiert. Es handelt sich hier um Dingen wie Freundschaft, Liebe, Geburtstag oder auch Freizeit, Dingen, die normalerweise nicht vergänglich sein sollten.

Wir Eltern sind dabei, um den Kindern unsere Liebe noch mehr zu zeigen, alles zu Konsumwaren zu machen.

Ich nenne hier einige Beispiele:

Der Konsum von Freundschaft

Freundschaften unter Kindern werden immer oberflächlicher. Richtig tiefe Freundschaft wird immer seltener. Freunde werden oft nach dem, was sie zu Hause besitzen (PlayStation, Gameboy, Computerspiele, neues dies oder das) ausgesucht. Es geht nicht mehr nach Gefühl, sondern nach Kalkül und nach dem gesellschaftlichen Status der Eltern. Kinder sind nicht mehr zufrieden mit nur einem oder zwei Freunden. Nein, es müssen so viele sein, dass man jeden Tag einen neuen Freund zum Besuch einlädt oder zu ihm geht.

Dabei beeinflussen wir die Wahl unserer Kinder sehr. Müssen wir Eltern uns ständig freudig und stolz, weil unsere Kinder ja so beliebt und sozial anerkannt sind, beklagen bzw. so tun, weil unsere Kinder ständig bei Freunden sind oder Freunde mitbringen? Dadurch geht der Sinn von Freundschaft verloren.

Die Kinder haben gar nicht mehr die nötige Zeit, um ihre Freunde wirklich intensiv kennen zu lernen. Sie springen ständig von diesem zu jenem. Ihre Gefühle können nicht folgen, alles geht so schnell und das immer aufs Neue. Alles bleibt oberflächlich und sie lernen so nicht mehr, was Freundschaft bedeutet und genau das, wonach sie gesucht hatten, nämlich Freundschaft, erfahren sie nicht wirklich. Freunde sind nun wie ein T-Shirt, wie Pommes. Wenn es schmutzig ist, wird das T-Shirt ausgewechselt, wenn sie nicht schmecken, werden die Pommes weggeworfen und neue bestellt. Freundschaft ist Konsumware geworden. Die Folge ist, dass Freundschaften nicht gepflegt werden. Die Kinder lernen nicht, sich zu ertragen, Fehler zu entschuldigen, um Verzeihung zu bitten, weil sie bei Unstimmigkeiten doch einfach zu den anderen gehen. Die Kinder werden auch innerlich instabil und unsicher, Werte wie Treue, Verlässlichkeit, Vertrauen, auf jemanden zählen können, usw. gehen verloren. Schlechte Werte, wie Vertrauensbruch, Gleichgültigkeit, Betrügen, Lügen und Egoismus werden banalisiert und ohne schlechtes Gewissen ausgelebt. Gefühle können sich nicht entwickeln. Die Kinder werden unzuverlässiger, unzufriedener und unbefriedigt. Sie lernen nicht wirklich lieben und verlernen so Eigenschaften, die Menschen stark machen. Die Kinder werden deswegen im Alter isolierter, einsamer und unglücklicher sein.

Der Geburtstag

Der Geburtstag ist ein weiteres Beispiel für etwas, bei dem es immer weniger um Genießen, Freude und Entspannung geht, sondern immer mehr um den Konsum: Nicht nur, dass wir die Kinder mit zu vielen Geschenken überfordern, nein, Kindergeburtstage sind auch immer weniger dazu da, den Geburtstag wirklich zu feiern. Eigentlich sollten sich Freunde versammeln, um gemeinsam einige Stunden Spaß zu haben. Aber es werden so viele Kinder wie möglich eingeladen, auch Kinder mit denen man eigentlich das ganze Jahr kaum etwas zu tun hatte, so dass der Geburtstag für Eltern und Kinder Stress wird.

Wir hören Eltern stolz erzählen, dass das Haus voll war, dass der Paul (neun Jahre alt) zehn, 15, 20, 30 Kinder eingeladen hat und dabei die ganze Zeit nur im Stress war. Woher soll er für alle diese Kinder Zeit, Kraft und Aufmerksamkeit nehmen? Wir Eltern gehen mit unseren Kinder immer mehr um, als ob sie Erwachsene wären. Wir rauben ihnen die Kindlichkeit und die Zeit, die dazu gehört, um reif zu werden. Das bedeutet, die Zeit bestimmte Prozesse zu durchlaufen, um bestimmte lebenswichtige Weisheiten und Erfahrungen zu lernen. Wir sehen Kinder immer mehr als unsere Gleichen an und erwarten, dass sie mit sechs, sieben, acht oder neun schon genau wissen, wie man Freundschaft pflegt oder wie man mit vielen Menschen umgeht, ohne dass wir sie das gelehrt haben. Subtil bringen wir den Kindern bei, ihre Geburtstage so zu feiern, wie wir sie auch feiern, ohne ein wenig an die Kinder zu denken, sondern nur an unsere Bedürfnisse. Wenn die Mama (denn in der heutigen modernen Welt muss in vielen Familien die Mama fast alles allein entscheiden, auch wenn sie die Entscheidung als „Wir" darstellt – die Kapitulation der Männer), gerne ihren eigenen Geburtstag groß feiert, wird die Tendenz dahin gehen, die Kindergeburtstage ähnlich zu feiern. Für sie als Erwachsene ist das okay, aber für ein Kind kann ein Geburtstag mit 20 Gästen kein Genuss mehr sein. Das frustriert manche Kinder sogar sehr. Ich war beim Geburtstag eines Kindes, als plötzlich ein Mädchen anfing zu weinen. Ich fragte es, warum es weine, und es meinte, das Geburtstagskind würde keine Zeit für es haben. Wie hätte es anders sein können? Denn das Geburtstagskind hatte für diese drei Stunden 21 Kinder eingeladen und war selbst völlig überfordert mit dem Versuch, jedem Kind Aufmerksamkeit zu schenken.

Diesbezüglich sagte mir ein erwachsener Mann, dass er als Kind auch große Geburtstage gefeiert hätte mit mindestens 15 Kindern, seitdem er sechs war. Nach den Geburtstagen war es ihm immer sehr schlecht gegangen und er hatte sich Vorwürfe gemacht, weil er mit dem einem oder dem anderen nicht gespielt hatte. Er fürchtete, dass sie vielleicht sauer auf ihm waren. Er erzählte dies seiner Mutter jedoch niemals, weil seine Mutter die Sache so positiv darstellte, um der Welt zu zeigen, wie integriert und beliebt die Familie war. Dass er nicht einmal mit der Hälfte dieser Kinder regelmäßig gespielt oder sich getroffen hatte, blendete die Mama aus. Auch heute macht er noch immer große Geburtstagsfeiern und meint schon während des Festes, wenn alle Leute sich freuen, er sei einsam. Er ist einsam, obwohl 50, 100 Menschen um ihn sind. Nach dem Geburtstag hat er ein Tief und wenn er hört, dass ein von ihm eingeladener Gast seine Feier gemacht hat ohne ihn einzuladen, fühlt er sich verletzt und minderwertig. Alles war für ihn oberflächlich geworden, besonders Freundschaften. Er dachte immer, erst wenn er einen großen Bekanntschafts- und Freundeskreis hat, dann ist er angekommen. Er jagte von Freundschaft zu Freundschaft, aber glücklich wurde er nicht. Er nannte zig Menschen Freunde, aber konnte sich nicht einmal zweien von ihnen anvertrauen und auf ihre Hilfe hoffen. Er lernte nie, zufrieden zu sein mit wenig. Hatte er viel, brauchte er mehr. Es reichte nie und er verglich sich immer mit den anderen und das führte dazu, dass er auch beruflich verschiedene Weiter- und Fortbildung und Spezialisierungen machte und noch einmal ein neues Fach studierte, um anerkannt zu werden. Sobald er etwas hatte, und merkte, dass sich nichts geändert hatte, versuchte er wieder das nächste. Es ging nur noch um immer mehr und mehr haben, sammeln. Ein Kampf, der ihn bis heute verfolgt. Es konnte nicht anders ausgehen, denn er hatte als Kind nicht gelernt, was Freundschaft bedeutet, was ein guter Freund ist, wie man sich Zeit für den anderen nimmt. Er hatte seine Freundschaften konsumiert, genauso, wie Süßigkeiten, Spielzeug, usw. Er sagte mir, er brauchte Zeit, um zu verstehen, dass seine Mutter Minderwertigkeitskomplexe gehabt hatte und ihr Leben lang auf der Suche nach Akzeptanz und gesellschaftlicher Anerkennung gewesen war, obwohl ihre Eltern hochgebildet waren. Dieses Beispiel zeigt, wie wir Eltern unsere Kinder mit ihren en negativ programmieren, weil wir mit uns selbst Probleme haben.

Alles dreht sich nur um das Konsumieren der so vielen, vielen Geschenke. Ich habe einmal ein paar Kinder über ihre Geburtstage reden hören, wen sie einladen und wen nicht. Eines sagte: „Den lädst du besser auch noch ein, so bekommst du noch mehr geschenkt." Ein anderes Kind stimmte zu und meinte: „Bei meinem Geburtstag lade ich viele Kinder ein, dann habe ich auch viele Geschenke."

Auch führen die genauen Wunschlisten und die „Geschenkboxen" in Spielwarenläden dazu, dass sich die Kinder gar keine Gedanken mehr darüber machen müssen, was sie ihrem Freund schenken möchten, was ihm Freude machen würde, was zu ihm passt, was sie gerne geben möchten. So wird das Schenken nur zum leeren Ritual und drückt nicht mehr die Wertschätzung aus, die es eigentlich vermitteln sollte: „Schau so wichtig bist du mir, dass ich Gedanken und Geld (das muss nicht viel sein, bzw. es geht auch ganz ohne!) investiert habe um dir eine Freude zu bereiten".

Ein weiterer Aspekt, der die Konsumorientierung von Kindergeburtstagen verdeutlicht, ist der Wettlauf um das spannendste, ausgefallenste, teuerste, beeindruckendste „Event". Einfach nur Spiele im Garten veranstalten ist kaum noch möglich, es muss mindestens ein Motto geben mit passender Dekoration, Verkleidung und Essen, aber noch besser hat man eine wirklich ausgefallene Idee, die noch keiner hatte. Im Schwimmbad hat Leon schon gefeiert, Paul war klettern, Louisa im Freizeitpark und Johanna war kegeln. Jedes Jahr muss eine neue Idee her, die noch kreativer und neuer ist, als die vom letzten Jahr, und als die aller anderen Kinder, bei denen man in der Zwischenzeit zum Geburtstag eingeladen war. Es geht nur noch darum, den Kindern etwas zu bieten und mithalten zu können und die eigentliche Freude, gemeinsam etwas miteinander zu tun und Zeit miteinander zu verbringen, geht verloren.

Wir pflanzen schon sehr früh Stress, Überforderung, Oberflächigkeit, Unzufriedenheit in unseren Kindern. Das wird negative Folge haben, auch wenn sie erwachsen sind

Freizeit und Hobbies

Bei Freizeitvergnügungen und Hobbies läuft es genauso. Es geht um Konsum. Am besten Fußball, Tennis, Basketball,

Musik, Karate, Kunst, Ballett, Tanzen, Klavier auf einmal. Alles, was mit Freizeit zu tun hat, möchten Kinder machen, oder werden von uns dazu motiviert. Man springt nur noch von A nach B, von B nach C, noch schneller, noch mehr konsumieren. Die Faktoren Spaß und Entspannung, die ein Hobby haben sollte, gehen verloren. Wir können uns vorstellen, was das mit den Kindern macht.

Auch passiert es häufig, dass ständig etwas Neues angefangen wird, weil Fußball doch doof, Klavier doch langweilig ist. So verlernen die Kinder, an einer Sache dranzubleiben und auch einmal Durststrecken durchzustehen (das lästige Üben eines Instrumentes, bis ich wirklich spielen kann), dadurch entgeht ihnen die Erfahrung, dass man mit Anstrengung etwas erreichen kann und dass man für die Anstrengungen sehr belohnt wird.

Liebe und andere Werte

So wie mit Freundschaft, Geburtstag und Hobbies geht die moderne Zeit mit vielen Eigenschaften, die wir Werte nennen, um. Viele werden nur noch konsumiert, nicht mehr gelebt, was die Persönlichkeit der Kinder nicht positiv fördert.

Unpassende Geschenke und Belohnung im falschen Alter können Kindern schaden.

Unseren Kindern Geschenke geben, die zu ihrem Alter nicht passen, fügt ihnen mehr Schaden zu, als dass es ihnen Gutes tut. Mit einer kleinen Geschichte möchte ich diesen Standpunkt besser verständlich machen:

Ich machte die Bekanntschaft einer reichen deutschen Familie. Sie hatten drei Kinder, ein Mädchen und zwei Jungen. Der

Vater arbeitete viel, die Mutter ein bisschen, und die Kinder wurden hauptsächlich von Kinder- und Au-pair-Mädchen betreut. Nach außen war die Familie perfekt; Küsschen in der Öffentlichkeit hier, Händchenhalten dort zementierten diesen Eindruck.

Die Kinder bekamen immer sehr viele Geschenke. Fast jede Woche gab es etwas Neues. Und die Geschenke waren nicht irgendwelche Geschenke. Es waren immer die neuesten und teuersten Handys (wohlgemerkt, die Kinder waren sechs, acht und neun), jedes hatte nicht nur eine PlayStation, nein, auch die Xbox dazu, den neuesten Sony Laptop, von über 1000 €/Stück, mehrere Tablets – mit allem übertrieben es die Eltern. Die Folgen waren wirklich katastrophal: mit 15 und 16 waren die beide Jungs von Alkohol und Modedrogen abhängig, das Mädchen hatte Zwänge und verletzte sich ständig, schon seitdem sie elf war. In einem Gespräch wunderten sich die Eltern, warum ihre Kinder Schande über die Familie brachten. Sie hatten doch ein so schönes Leben? Viele Kinder in der „dritten Welt" wären dafür ihr Leben lang dankbar gewesen, sagte mir doch der Vater tatsächlich und die Mutter jammerte die ganze Zeit „was haben wir denn nur falsch gemacht?"

Klar lag das alles nicht nur an den Geschenken, aber diese nicht altersgemäßen und übertriebenen Geschenke hatten den Kindern nutzlose Werte vermittelt, die ihnen in schwierigen Situationen nicht helfen konnten. Im Gegenteil, sie trugen dazu bei, die Seelen der Kinder zu zerstören.

Was kann ein Kind mit sieben mit einem Laptop machen? Mit einem iPhone, mit einem iPad? Was soll ein Neunjähriger mit 500€ Taschengeld anfangen? Du glaubst, das gibt es nicht?

Ein Freund meines Sohnes, damals zehn, lud ihn und andere Kinder zum Essen ein. An der Kasse lehnte es die Kassiererin ab, den 500€ Schein anzunehmen und forderte das Kind auf, seine Eltern anzurufen. Tatsächlich hatte das Kind am Vorabend 500€ als Belohnung für eine gute Note bekommen. Das Kind fing mit neun an zu rauchen und mit 12 oder 13 Alkohol in Mengen zu konsumieren. Dieses Kind hat bis heute gar nichts geschafft, nicht einmal das Abitur, und es lebt noch bei seinen Eltern, während alle anderen Freunde studieren oder eine Ausbildung machen.

Wenn wir den Kindern ständig Dinge im Überfluss kaufen, erziehen wir sie zur Unzufriedenheit. Sie werden nicht lernen, zufrieden zu sein, mit dem was sie haben und werden immer auf der Suche sein. Das bedeutet, sie werden ein unbefriedigtes Verlangen spüren, das dazu führen wird, dass sie unzufrieden und unglücklich sind. Die Kinder bekommen immer alles, was sie wollen, sie müssen gar nichts dafür tun. Dadurch erfahren sie auch keine Lustbefriedigung mehr, wenn sie das bekommen, was sie wollten. Das Glücksgefühl bleibt nur solange die Sache noch heiß ist. Danach ist es langweilig und sie wollen noch mehr, damit dieses Glücksgefühl wiederkommt. Irgendwann stumpft dieses Glückgefühl durch den Konsum materieller Dinge ab. Auf der Suche nach einem neuen Kick finden sie Drogen, Sex und Alkohol. Wir sehen, wie das Überbehüten und das Überschütten mit Luxus Kinder aus reichen Häusern seelisch zerstören! Viele dieser Kinder vergleichen sich oft mit anderen Leuten und mit dem, was die anderen haben. Sie fühlen sich minderwertig, wenn sie nicht haben, was die anderen haben. Das heißt, der übermäßige

Konsum kann sich negativ auf das Selbstwertgefühl der Kinder auswirken.

Die zu teuren und unpassenden Geschenke korrumpieren die Seele der Kinder und überfordern sie. Geldgeschenke sind am Schlimmsten. Die Kinder erkennen und schätzen den Wert von Dingen nicht mehr.

Wir Eltern verschaffen den Kindern sofort immer alles, was vergänglich und seelisch sinnlos ist, aber Werte und alles, was die Kinder mental, spirituell und seelisch stark macht, werden nicht weitergegeben, nicht weiter vermittelt. Das ist doch auch viel schwerer. Es braucht Zeit, Auseinandersetzungen, Geduld und Aufmerksamkeit. Wir kaufen das Gewissen der Kinder, anstatt uns mit ihnen zu beschäftigen. Wir machen unsere Kinder unglücklich, indem wir sie mit vergänglichen Sachen glücklich machen wollen.

Übermäßiger Konsum von Fernsehen, Internet, Medien, Werbung, Mode und Gewalt in jeder Form (TV, Bücher, Spielzeug)

Viele Kinder sehen immer mehr fern, sind viel mehr im Internet, als es ihnen gut tun kann. Die Folgen für den Körper und die Psyche sind immens.

Wir müssen Kindern zuschauen, wenn sie fernsehen, am Computer spielen oder im Internet unterwegs sind. Rede mit deinem Sohn oder deiner Tochter, wenn sie vor dem Fernseher sitzen. Rufe sie, oder frage sie etwas, sie werden nicht antworten – nicht weil sie stur sind, sondern einfach, weil sie nicht zuhören. Sie sind wie hypnotisiert. Tatsächlich sind sie in einem anderen Bewusstseinszustand. Ihr Bewusstsein wird verändert. Das ist ein sehr gefährlicher Moment, da sie so im besten Zustand sind, um alles zu absorbieren, Sachen die sich schnell festsetzen und in Zukunft das Verhalten der Kinder unbewusst manipuliert. Viele Kinder verlieren so das Gefühl für die Realität. Gewaltszenen, die sie ständig absorbieren, in denen die Menschenwürde keine Rolle mehr spielt, führen dazu, dass die Kinder gefühlskalt werden und ihre Gewissensgrenzen für das Gute und Gesunde schnell nach unter sinkt. Sie werden immer unruhiger, haben Konzentrationsschwierigkeiten und leiden oft unter Schlaflosigkeit.

PlayStation, Smartphone, Computerspiele sind heute fast unverzichtbar für unsere Kinder.

Die Internetgeneration, wie diese Kinder heute genannt werden, wird, falls es so weitergeht, schwere seelische und körperliche Beschwerden haben.

Ich persönlich verdamme diese neuen Medien nicht. Sie sind Teil unserer Kultur geworden und helfen uns auch sehr und erleichtern uns in manchen Bereichen das Leben.

Kinder können viel aus Medien lernen. Sie können ihnen sehr hilfreich sein und bei der Bildung helfen, aber sie können auch sehr gefährlich sein und Kinder kaputt machen. Eine zu frühe, exzessive, unkontrollierte Nutzung der Medien schadet den Kindern.

Die visuellen und technischen Effekte (Bilder, Belichtung, Ton usw.) können meiner Meinung nach der Gesundheit der Kinder auf die eine oder andere Art seelischen und körperlichen Schaden zufügen.

Die Inhalte

Viele Sendungen sind nicht immer altersgerecht, auch wenn eine Altersbegrenzung darauf steht. Ich habe manche Filme – die angeblich für Kinder ab vier waren – gesehen, die Szenen hatten, die mich selbst als Erwachsener erschrocken haben. Allein wie die Spannungen erzeugt wird, wäre sogar für Kinder ab 15 eine Zumutung.

Manche Inhalte funktionieren wie eine Gehirnwäsche bei Kindern. Der Film, das Spiel oder die Sendung werden so gemacht, dass die Kinder sich mit dem, was sie sehen, identifizieren und dadurch werden manche Kinder regelrecht abhängig.

Viele Jugendliche haben erst schwere Straftaten begangen, nachdem sie bestimmte Bilder in Filmen gesehen, oder Spiele mit grausamen Inhalten konsumiert hatten.

Es gibt Kinder, die nach dem Konsum eines Films Wahnvorstellungen und Angst bekommen, die sich gelähmt fühlen und denen der Mut geraubt wurde, etwas anderes zu tun. Ich kenne die Geschichte eines Kindes, das sehr gern Fußball spielte. Er hatte dann unbeabsichtigt einen Film im Fernsehen gesehen, der ihm so Angst machte, dass er sich nicht mehr traute Fußball zu spielen. Er konnte nicht mehr frei in die Zweikämpfe gehen, und hatte bei allem nur noch Angst. Er musste mit Fußball und Sport aufhören. Manche Kinder haben nach der Nutzung von Medien Schlafstörungen, Panik, Krämpfe usw.

Kinder benutzen diese Medien auch immer häufiger, um sich gegenseitig fertigzumachen. Das Mobbing mit dem Handy oder bei Facebook ist rasant gestiegen. Ein neues Phänomen, das man „Sexting" nennt, ist entstanden. Jugendliche werden durch Nacktfotos erpresst, die sie vorher selbst eingestellt haben oder es sind Bilder, die heimlich aufgenommen wurden. Diese Bilder werden dann im Internet verbreitet.

Manche Computerspiele, Filme, Internet-Inhalte können Eigenschaften, Werte und die Persönlichkeit von Kindern verändern oder Kindern gar eine andere Identität geben, wie die ihrer neuen Idole im Netz oder im Computer.

Studien haben gezeigt, dass zu häuige und exzessive Nutzung von Medien die Kinder dumm macht. Es schadet ihrem Gedächtnis, sie haben Konzentrationsschwierigkeiten, sie haben schlechtere Noten in der Schule, haben weniger reale Freunde, sind sozial inkompetent, sie haben Schwierigkeiten sich in der Gesellschaft zurecht zu finden und die gesellschaftlichen Normen zu akzeptieren. Die Kinder finden im Netz eine Welt, die es real nicht gibt. Es gibt kaum oder sehr wenige Gespräche in der Familie, weil die Kinder ständig online oder vor dem Fernseher sind. Die Bindungen in der Familie gehen somit kaputt.

Weitere Folge des übermäßigen Medienkonsums sind Depression, erhöhte Gewaltbereitschaft, manche werden gewalttätig und andere apathisch. Dazu kommt, dass sie viel sitzen und sich wenig bewegen und dabei noch Chips und ähnliches essen, dadurch werden sie fett und bekommen Beschwerden, die mit dem Mangel an Sport und Bewegung zu tun haben.

Nicht nur Fernseher, Handy und Co, verbreiten Gewalt. Das bedeutet, nicht nur bewegte Bilder sind für die Psyche der Kinder gefährlich. Manche einfachen Zeichnungen in Büchern, manches Spielzeug, sogar die Drucke auf Kleidung können viele schlimme Folgen für Kinder haben. Das sind Gefahren, die wir bewusst nicht wahrnehmen und über die wir uns keine Gedanken machen, weil sie doch harmlos erscheinen: Es können blutige Bilder in einem Kinderbuch sein, bösartige Zeichnungen in Heften oder auf Textilien, Spielzeug und Spiele mit viel Gewalt, mit Figuren, die unmenschliche und übernatürliche Kräfte besitzen, die mit bösen Blicken anderer Figuren zerstören, usw.

Gewalt kann sich sogar in einfachen Geschichten verstecken. Gewalt kommt nicht nur in aktiven Sachen und Szenen vor.

Die meisten Menschen, egal ob Befürworter oder Gegner der Nutzung von Medien durch Kinder, sind mit einem einverstanden: exzessive und unkontrollierte Nutzung des Fernsehers, des Internets, des Handys und so weiter schadet den Kindern mehr als sie ihnen hilft und macht sie unglücklich.

Warnung:
Gefahr von Krebs und weiteren Krankheiten durch die elektromagnetische Strahlung von Handy, Tablet, Laptop, W-Lan und weiteren Mobilgeräten

In meinem Handbuch über Krebs „Die verkrebste Generationen" habe ich ausführlich darüber berichtet, welche Gefahren wir durch Elektrosmog ausgesetzt sind.

Elektromagnetische Strahlung – Funkwellen, Handy, Handy und Funkmast, gefährliche Mikrowellen – können Krebs (Brust, Hoden) und weitere Beschwerden verursachen.

Die IARC, das Krebsforschungsinstitut der Weltgesundheitsorganisation WHO, warnt und sagt, Handystrahlen können Krebs verursachen:

„Das Telefonieren mit einem Handy ist ‚möglicherweise krebserregend'. Zu diesem Schluss kommt eine Expertenkommission der internationalen Krebsforschungsagentur IARC in Lyon. Die 31 Fachleute aus 14 Ländern hatten eine Woche lang nahezu sämtliche verfügbaren wissenschaftlichen Untersuchungen zum Thema Krebs durch Rundfunk- und Handystrahlung ausgewertet. Im Ergebnis stuften die Experten hochfrequente elektromagnetische Strahlung, wie sie von Handys, aber auch von Rundfunk und Radar verwendet werden, als möglicherweise krebserregend ein," kann man auf der Webseite von RTL lesen.

Besonders bei Kindern ist die Gefahr noch viel größer, weil ihre Organe noch so empfindlich sind und somit die Strahlen schneller aufnehmen können.

Ein Kind sehr früh mit Handy, Laptop, Tablett auszustatten, damit es dies jede Minute und die ganze Zeit bei sich trägt, kann dazu führen, dass dieses Kind später nicht nur an Krebs, sondern auch an anderen Krankheiten erkrankt.

Erfahrungsbericht Nick, 16 Jahre, Schulabbrecher, seit 4 Jahren in ständiger Therapie: „Das Internet zerstörte mein Leben, mit 12 Fingen meine KannibalismusFantasien an"

Im Chat:

Ich: hallo, du willst mit mir über meine Anzeige reden?

Antwort: ja

Ich: wie heißt du denn?

Antwort: Nick

Ich: Hallo Nick, wie geht es dir?

Nick: so lala

Ich: nicht so gut meinst du?

Nick: kann man sagen

Ich: wie alt bist du?

Nick: 16 aber nicht mehr lange

Ich: wie kamst du auf mich?

Nick: habe Ihre Anzeige im Internet gelesen

Ich: du kannst mich duzen, Nick. Was beschäftigt dich?

Nick: na ja wollte einfach so reden

Ich: bist du krank?

Nick: wieso?

Ich: Du schreibst mit mir jetzt. Es ist 10. Du solltest doch in der Schule sein

Nick: nee

Ich: nee, dass du nicht krank bist?

57

Nick: zur schule gehe ich nicht mehr

Ich: machst du dann eine Ausbildung

Nick: abgebrochen

Ich: warum?

Nick: keine Lust

Ich: einfach so keine Lust? Und was sagen deine Eltern

Nick: wohne nicht mehr bei ihnen

Ich: warum?

Nick: wohne in einem betreuten Wohnheim

Ich: wie lange schon?

Nick: ein Jahr

Ich: warum? Willst du nicht mehr zu deinen Eltern?

Nick: nee

Ich: warum?

Nick: will nicht halt

Ich: wie kamst in dieses Wohnheim?

Nick: Der Arzt wollte es so

Ich: der Arzt wollte es so, aha. Warst du dann vorher krank?

Nick: bin immer noch

Ich: welche Krankheit denn?

Nick: psychisch.

Ich: kannst du mir vielleicht davon erzählen?

Nick: was willst du hören?

Ich: warum du sagst, dass du psychisch krank bis

Nick: ich bin es halt, so wie sie sagen

Ich: warum sagen sie das?

Nick: weil ich mich selbst verletze und andere auch

Ich: wie lange tust du das schon?

Nick: ich weiß nicht

Ich: wie hat es angefangen?

Nick: ich weiß nicht.

Ich: was sagen sie denn, wie es angefangen hat?

Nick: sie sagen, dass es vom Internet kommt

Ich: warst du viel im Internet?

Nick: ja

Ich: was haben deine Eltern gesagt?

Nick: sie haben mir doch den Laptop geschenkt

Ich: ich verstehe. Mit dem Laptop bist du dann viel im Internet gewesen?

Nick: Ja aber auch vorher schon

Ich: wie alt warst du?

Nick: als ich den Laptop bekommen habe oder als ich das erste Mal im Internet war?

Ich beides

Nick: Laptop war ein Geburtstagsgeschenk, ich war 8 oder 9. Im Internet schon mit 5 oder so.

Ich: durftest du allein ins Internet gehen?

Nick: ja

Ich: haben Papa oder Mama nicht geschimpft, als du so viel im Internet warst?

Nick: ich war allein in meinem Zimmer

Ich: wie viel Mal warst du im Internet in der Woche?

Nick: ich war jeden Tag im Internet

Ich: jeden Tag?

Nick: ja.

Ich: wie lange am Tag?

Nick: schon morgens früh, vor der Schule und nach der schule auch

Ich: deine Eltern haben nichts gesagt?

Nick: morgens vor der schule, wenn sie schlafen und am Tag waren sie oft **nicht da.**

Ich: was machen deine Eltern?

Nick: beide sind Ärzte

Ich: sie waren nicht mal an deinem Laptop, um zu sehen, was du so machst?

Nick: nicht wirklich.

Ich: wolltest du nicht mit Papa spielen?

Nick: er sagte immer, dass er müde ist und seine Ruhe will. Über diese Arschlöcher möchte nicht reden. Sie haben mir mein Leben zerstört

(Ich konnte seine Aufregung spüren)

Ich muss weg.

Ich: nick du wolltest mir doch noch viel erzählen

Nick: ich muss weg. Ich darf eigentlich nicht an den Computer, wenn sie mich erwischen

Ich: kannst du mich dann anrufen? Oder ich rufe dich an. Wann pass es dir denn?

Nick: ich rufe dich dann

Ich: okay hier ist meine Nummer 017xxxxxxxx.

Am gleichen Tag am Abend rief er tatsächlich an und erzähle mir zusammengefasst seine Geschichte. Ich versuche, soweit ich kann, alles in seinen eigenen Worten wiederzugeben:

„Ich hasse meine Eltern. Ich hasse sie, ich hasse sie. Hätten sie mir den scheißen Laptop und das Handy nicht gekauft wäre ich nicht so gewesen. Ich habe immer nur Videos gesehen und Spiele gespielt. Dann einmal kam eine Werbung und ich musste ok klicken, damit sie wieder weggeht. Aber danach kamen Bilder von Frauen und Männer, die nackt waren und komische Sachen machten. Am Angang gefiel mir das nicht, aber diese Werbung schaltete sich immer wieder allein. Ich konnte nichts tun. Mit der Zeit fing ich an auch an mir rumzumachen, wie sie auch und Irgendwann mal wollte ich mich auch verletzen, um mein Blut zu lecken, wie sie auch. Das Internet zerstörte mein Leben, mit 12 fingen meine Kannibalismusfantasien an …"

Ich verzichte darauf, die Geschichte weiter zu erzählen aber es war so, dass er sich so seine Fantasien von Kannibalismus entwickelten. Und irgendwann mit 12 oder 13 fing er an, die Schule zu schwänzen und sich ständig schmerzvoller Befriedigung zu unterziehen. Mit 14 dann versuchte er, mit seinen Zähnen ein Stück von sich abzutrennen und zu essen. Das tat ihm so weh, dass er vor Schmerzen laut schrie. Die Eltern wurden alarmierte und im Krankenhaus wurde dann die seelische Störung festgestellt. Er durfte seitdem nicht mehr zu den Eltern.

Veränderte Freizeitaktivitäten

Im Zeitalter von Internet, Smartphone und Co. verändern sich auch die Freizeitaktivitäten der Kinder rasant.

Die Kinder verbringen mehr Zeit am und Computer und vor dem Fernseher. Soziale Kontakte werden sogar in der eigene Familie immer weniger, weil die Kinder keine Zeit mehr haben, mit den Eltern oder Geschwistern gemeinsam zu essen, spazieren zu gehen, zu spielen.

Sie finden im Internet eine virtuelle Welt, Freunde, Geschwister, Eltern. Diese Isolation trägt sich auch nach innen. Die Kinder werden immer einsamer ohne es zu bemerken und zerstören so ihr Sozialverhalten.

Die modernen Freizeitaktivitäten unserer Kinder und die viele und übertriebene Nutzung von Facebook, YouTube, PlayStation, PC-Spielen, Smartphones machen Kinder kaputt. Sie verbringen stundenlang Zeit vor dem Computer und alle wissenschaftliche Studien haben gezeigt, dass zu viel Medienkonsum dumm und aggressiv macht, die Frustrationsgrenze senkt, die Aufmerksamkeitskraft zerstört, die geistige Leistungen senkt. Die Kinder haben Konzentrationsschwierigkeit, leiden unter Stress usw.

Manche Computerspiele tragen in sich „das Böse" würde ich sagen und sie verändern die Seele von Kindern drastisch.

Viele Kinder, die sehr lange am Computer sitzen, leiden auch unter Essstörungen. Oft haben sie keine Zeit richtig zu essen und nehmen zu viele ungesunde Sachen, wie Chips, Cola, Süßigkeiten zu sich. Und da sie sich kaum bewegen und wenig Sport betreiben, werden sie fett und krank.

Wir Eltern tragen kräftig dazu bei. Manche Eltern setzen Kinder schon im sehr frühen Alter stundenlang vor den Fernseher, kaufen den Kindern alle Spielkonsolen und Spiele, die sie stundenlang spielen dürfen, nur damit sie (die Eltern) ihre Ruhe haben (ein weiterer Fall von Energievampirismus) und sie wissen nicht, dass sie die Gehirnzellen der Kinder beschädigen und damit die Kinder programmieren, unfähig zu werden.

Eine unkontrollierte und nicht dem Alter angepasste Nutzung dieser neuen Freizeitaktivitäten und ein übermäßiger Konsum von Fernsehen machen unsere Kinder unglücklich und gefährden sogar ihre Gesundheit (seelisch und körperlich)

Sport und Freizeitaktivitäten können allerdings auch Druck in Kindern erzeugen und ihnen schaden. Ab Seite 260 habe ich detailliert darüber geschrieben.

Überbewertung der Pubertät

Die Pubertät ist eine ganze normale Entwicklung der Körper und Seelen unserer Kinder, die die Kinder zum Heranwachsenden führt.

Sie ist genetisch bedingt und wird hormonell ausgelöst, kann aber auch durch Einwirkungen von außen beeinflusst werden. So wird z.B. vermutet, dass das immer frühere Einsetzen der Pubertät mit der Verstädterung, dem Lärm und der ständigen Reizüberflutung zu tun haben könnte. Auch der im Plastik enthaltene Weichmacher Bisphenol A könnte eine Rolle spielen, da er dem Geschlechtshormon Östrogen ähnelt.

In Phase der Pubertät werden die Geschlechtshormone verstärkt aktiv und lassen die Kinder unruhiger werden. Stimme, Körper, usw. verändern sich (Körperbehaarung, Brustwachstum, Stimmbruch, Menstruation, usw.).

Bei mir selbst, wie ich mich noch gut erinnere, war die Pubertät, die mit ca. 15-16 anfing, gar nicht so besonders und lief gut, bis auf die ständige sexuelle Erregung. Es war die größte Schwierigkeit, diese Erektion zu verstecken. Ich konnte mich kaum setzen, wenn Leute dabei waren. Wenn ich in Bewegung war, war es kein Problem, aber sobald ich mich hinsetzte, kam die Erektion und nahm kam Ende. Ich wollte dann unbedingt mit einer Frau schlafen, aber das passierte erst ein Jahr später, ungefähr zu der Zeit, als sich alles wieder beruhigte.

Was mir noch einfällt ist, wie stolz und glücklich ich war, als ich die ersten Schamhaare und einen Bart bekam. Wir redeten nicht mit unseren Eltern darüber, aber unter uns Jungs zeigten wir uns unsere Geschlechtsorgane. Ich erinnere mich, wie wir uns abmaßen und darüber lachten, wer den Größten, den Steifesten hatte.

Sonst erinnere mich nicht, dass ich oder meine Brüder und Freunde irgendwie schwieriger, oder sogar schlimm verhaltensauffällig geworden wären, wie es in den westlichen Ländern üblich ist.

Ich glaube, die Tatsache, dass diese Veränderungen nicht explizit thematisiert wurden und die Gesellschaft sie als normal ansahen und keinen Grund zur Aufregung sah, ließ uns kaum die „Chance" bzw. die Möglichkeit, diesen natürlichen Zustand auszunutzen, um negativ aufzufallen, uns negativ zu programmieren und Sache zu tun, die uns und unseren Mitmenschen geschadet hätten.

Da ich mich – wie oben schon erwähnt – intensiv mit meiner Kindheit auseinandergesetzt und mich bewusst entschieden habe, nur das Beste davon meinen Kindern weiterzugeben, tat ich das Gleiche mit meinen Kindern. Ich redete damals mit meiner Frau, die sich schon 1000 Sorgen machte, wie es mit zwei Söhnen in der Pubertät werden würde. Ich erklärte ihr, wie es in Kamerun funktionierte, wie es bei mir gewesen war und wie es für alle entspannt sein kann. Auch heute ist sie immer noch erstaunt, dass die Kinder überhaupt keine Probleme in der Pubertät machten. Alles easy, sagt sie.

In meinen Coachings und Gesprächen auch mit Jugendlichen habe ich festgestellt, dass wir Eltern es sind, die die Pubertät zu einem Problem machen. Die Art, wie wir darüber sprechen, appelliert regelrecht an die Kinder, in dieser Zeit zu rebellieren und sich negativ zu verhalten. Nicht nur, dass alles Negative schlecht für die Seele und den Körper ist, manche Bindungen und Beziehungen gehen in dieser Zeit so kaputt, dass die Kinder und Eltern auch Jahre später noch die Folgen dessen tragen.

Eine Frau kam zu mir und wollte, dass ich sie coache, da ihre Tochter ausraste, seitdem sie das erste Mal ihre Tage bekommen hatte. Sie lud mich zu sich nach Hause ein und wir tranken Tee, als ihre Tochter von der Schule kam und ihre Schultasche auf den Boden warf, ohne jemanden zu begrüßen. Ich machte der Frau ein Zeichen, dass sie ruhig und gelassen sein und weder Panik noch Sorge vermitteln sollte.

Die Tochter ging in die Küche, bediente sich vom Mittagessen, kam an den Tisch, wo wir saßen und sagte, es schmecke gar nicht gut.

Ich musste eingreifen, bevor ihre Mama noch einmal den Fehler machte, ihr für dieses schlechte Verhalten auch noch Aufmerksamkeit zu schenken. Auf afrikanische Art sagte ich zu der Tochter:

„Du musst nichts essen, wenn es dir nicht schmeckt, aber deine Mama wird dir auch nichts anderes geben, und du wirst dir auch nichts anderes machen."

Sie antwortete ungefähr so: „Du bist nicht mein Vater und ich kann hier sagen und tun, was ich will."

Ich sagte ihr: „Du hast recht, dass du sagen kannst, was du willst, aber du kannst nicht alles tun, was du willst."

Wie abgemacht sagte die Mutter nun: „Herr Dantse, verstehen Sie doch, sie ist in der Pubertät."

Ich antworte: „Das ist doch wunderbar, dass sie nun zu einer großen Frau wird, und dementsprechend sollte sie sich benehmen und Gott danken, dass sie so etwas Natürliches durchlebt. Darüber kannst du dich freuen, Melanie. Ich freue mich sehr für dich und von nun an wird mir deine Mutter jeden Tag erzählen, was du schön gemacht hast, als heranwachsende Frau."

Sie hatte nichts mehr gesagt, hatte fertig gegessen, dabei merkte man, wie sehr sie nachdachte und dass sie wusste, dass sie „verloren hatte". Dann ist sie in ihr Zimmer gegangen.

Ihre Mutter war so erstaunt, dass sie nicht ausgerastet war und ruhig geblieben war.

Das Mädchen verhielt sich seit dem Vorfall nicht mehr so auffällig wie früher, jetzt, da sie wusste, dass sie etwas Schönes und Wunderbares durchlebte, das so natürlich ist, dass man es nicht ständig thematisieren muss.

Wir Menschen haben die Pubertät aus verschiedenen Gründen zu einem Problem gemacht. Wir haben die Kinder so erzogen, dass sie in dieser Phase zu kleinen Teufeln werden und auch selber darunter leiden.

Mobbing unter Kindern – wenn Kinder Kinder krank machen

Warum Kinder andere Kinder fertig machen? Es gibt viele Gründe, warum Kinder andere Kinder mobben. Sie können von Aggression über Frustration, selbst erlebte häusliche Gewalterfahrungen, Unzufriedenheit, Langweile bis zu Minderwertigkeitskomplexen, bzw. der Suche nach Anerkennung und Aufmerksamkeit reichen.

Täter und Opfer können Kinder aller sozialen Schichten sein. Dieser Eindruck, der gerne propagiert wird, dass nur Kinder aus Problemvierteln, von der Hauptschule oder mit Migrationshintergrund betroffen sind, ist nach meinen Recherchen nicht zutreffend. Die einen agieren vielleicht stärker körperlich und man sieht es sofort und die anderen machen es subtiler, intelligenter und psychischer (Auslachen, Gerüchte, Ausgrenzen, Facebook-Mobbing, usw.), so dass man es nicht sofort sieht und sogar nur schwer einschreiten kann. Die Täter gehen dabei meist sehr psychologisch vor und suchen sich ihre Opfer nicht zufällig aus.

Ich habe nach Gesprächen mit Eltern und einigen Kindern festgestellt, dass Kinder, die bereits ängstlich erscheinen, eine ängstliche Körpersprache ausstrahlen, die nicht selbstbewusst auftreten und zu nett sind und allen gefallen wollen, schneller Opfer werden. Wenn du einmal schon gemobbt wurdest und alle Kinder es wissen, hast du eine größere Chance wieder gemobbt zu werden, auch wenn du die Schule wechselst. Mobbing passiert auch nicht nur in der Schule sondern auch überall da, wo die Kinder sich versammeln, um ihrer Freizeit nachzugehen (Sport zum Beispiel).

Mobbing macht Kinder unglücklich. Mobbing ist für die Opfer eine große Belastung.

Kinder werden gedemütigt, erpresst, beleidigt, ihnen wird Angst gemacht, gedroht, sie werden bedroht, geschlagen, manche sogar sexuell misshandelt. Eine neuere Variante unter Jugendlichen ist das Cybermobbing. Das finde ich sehr perfide, sehr gemein und sehr verletzend. Die Kinder werden über Internet, Facebook und andere soziale Netzwerke, Chaträume, oder mit Handy Bildern gedemütigt. Über ihr privates Leben werden erlogene und erfundene Einzelheiten im Internet eingestellt und über das Handy verbreitet, so dass Millionen von Menschen weltweit dies sehen können. Es ist für Kinder vielleicht das Schlimmste, dass man diese Daten niemals mehr löschen kann.

Manche Kinder lassen sich aus Angst durch Mitschüler zu Straftaten (klauen, unterschlagen, Freunde misshandeln usw.), verleiten und werden somit auch Täter.

Das Mobbing verursacht seelische Verletzungen bei den Kindern, die dann folgende Reaktionen zeigen: Scham, Angst, Schlafstörungen, Selbstverletzung, Essstörungen, Aggressivität gegen sich selbst, gegen die Eltern und die Gesellschaft.

Mobbing macht Kinder krank und bringt manche sogar dazu, sich das Leben zu nehmen.

Kinder, die Mobbing erleiden sollten betreuen werden, damit die Folgen nicht bleiben. Andernfalls könnte es das Leben dieser Kinder so beeinflussen, dass diese langfristig unglücklich sind und bleiben.

Negative Haltung unserer Gesellschaft Kindern gegenüber

Wird die Gesellschaft immer kinderfeindlicher?

Ohne lange zu überlegen, würde ich sagen, dass die Gesellschaft Kindern gegenüber immer intoleranter, rücksichtsloser und unduldsamer wird, nicht nur weil viele Frauen es immer häufiger bevorzugen ohne Kinder zu sein, sondern auch, weil die Menschen das Verhalten von Kindern in der Gesellschaft nicht akzeptieren wollen. Sie wollen nicht sehen, dass ein Kind ein Kind ist und kein Erwachsener.

Kinderreiche Familien werden auf der Straße, im öffentlichen Verkehr, auf Spielplätzen schräg angeschaut, aus dem Bus hinausgeworfen, weil die Kinder zu laut sind. Sie bekommen nur mit vielen Mühen eine Wohnung, haben weniger Geld zum Leben, als eine Familie mit nur einem oder gar keinem Kind. Es wird immer häufiger mit Slogans wie „kinderfreies Café" oder „Hotel nur für Erwachsenen" geworben.

Manchen Kindertagesstätten mussten schon umziehen oder teure Lärmschutzwände einbauen, weil die Menschen den Lärm der Kinder nicht ertragen wollten. In Hamburg wurde deswegen sogar eine Kita verboten.

Die Gesellschaft braucht die Kinder, aber die Menschen haben immer größere Schwierigkeiten, Kinder Kinder sein zu lassen und sie als solche zu sehen. Das heißt, als Wesen, die gerne lachen, rennen, hüpfen, springen, schreien, weinen, streiten – die einfach lebendig sind. Nur so entwickeln sie sich natürlich und glücklich.

Ich habe den Eindruck, dass wir Wesen züchten wollen, die sich nicht mehr kindlich Verhalten dürfen. Sie müssen Kinder sein, sich aber wie die frustrierten launigen und unglücklichen Erwachsenen verhalten, die keine Freude mehr kennen und verlernt haben, sich zu amüsieren.

Ich weiß, was ich hier sage wird viele Eltern und manchen Experten ärgern. Aber ich habe mir immer gesagt, um das Wohl der Erwachsenen und die Eltern zu schützen, wurde die Hyperaktivität als Krankheit definiert. Dazu muss man auch gleich die neu erfundene Tablette verkaufen. Wer gibt uns das

Recht, die Natur eines Kindes durch Medikamente zu verändern? Nur damit es sich so verhält, wie der Erwachsene es will. Ich kenne viele Kinder, bzw. Eltern, die ihren Kinder, solche Tablette, geben, weil ihre Kinder hyperaktiv seien.

Die Intoleranz der Gesellschaft gegenüber Kindern beeinträchtigt die gesunde Entwicklung der Kinder, und deswegen habe ich mich sehr gefreut, als der Gesetzgeber es erschwert hat, gegen Kinderlärm in der Wohnung zu klagen. Das ist auch richtig so!

Kinder haben eben mehr Energie als wir Erwachsenen und diese Energie muss zirkulieren, sonst staut sie sich in ihnen auf und sie werden dadurch krank, oder dann erst richtig aggressiv und eine Gefahr für die Gesellschaft.

Die Eltern spüren die Intoleranz der Gesellschaft auch, zum Beispiel bei der Wohnungssuche. Es wird immer schwieriger für Familien mit vielen Kindern, eine geeignete Wohnung zu finden. Viele Vermieter – aus „Rücksicht" auf die anderen Erwachsenen – bevorzugen immer häufiger Familien ohne Kinder oder mit nur einem Kind. Ja, ein Kind allein, wird keine Spielkameraden haben und somit wird es auch nicht so viel herumrennen und schreien.

Dies führt dazu, dass immer mehr Paare nur noch ein Kind haben. Ich persönlich fände es schlecht, wenn ich ein Einzelkind gewesen wäre. Es hätte mir jemand gefehlt, mit dem ich wie ein Kind spielen konnte. Ich wäre auf jeden Fall nicht glücklicher gewesen.

Wenn Kinder nicht genug Platz haben um zu spielen und sich wohlzufühlen entfalten sie sich auch nicht richtig. Sie werden deprimiert und unglücklich.

Die Gesellschaft entwickelt außerdem immer häufiger Arbeitszeitmodelle, die nicht kinderfreundlich sind, oder die nicht dazu motivieren Kinder zu bekommen.

Kinder haben einen Anspruch darauf, Kinder sein zu dürfen. Wenn wir das nicht zulassen, wird gerade das, was wir vermieden wollten, passieren. Die Kinder werden immer unglücklicher und uns in erwachsenem Alter noch mehr schlaflose Nächte bereiten, als als sie klein waren.

Rassismus, Diskriminierung, Ausgrenzung

Ein wichtiges Thema, dass aber bei der Kindererziehung zu häufig vernachlässigt wird, ist Rassismus.

Ich sprach viele Menschen mit Migrationshintergrund an und fragte sie, was sie am meisten unglücklich gemacht hat, als sie Kinder waren. Viele von ihnen sprachen von Rassismus in Form von Diskriminierung, besonders in Form von Ausgrenzungen.

Viele Eltern erzählen mir, wie sehr ihre Kinder darunter leiden, dass sie, trotz Anstrengungen, „nicht dazugehören", nicht zu Kindergeburtstagen eingeladen werden und bei Spielen in der Pause nicht miteinbezogen werden.

Ich möchte von einem klaren Fall von Diskriminierung berichten, bei dem man das Gefühl hat, dass der Lehrer die Noten nach der Herkunft der Kinder gibt, besonders in Fächern, in denen es schwierig ist nachzuweisen, dass er ungerecht und unfair gehandelt hat.

Eine Frau serbischer Herkunft nahm Kontakt mit mir auf, weil ihre achtjährige Tochter verweigerte, weiter in die Schule zu gehen und nicht darüber reden wollte, warum. Zuerst hatte sich das Mädchen fast zwei Wochen krank gefühlt und als erwiesen war, dass sie nicht mehr krank ist, wollte sie trotzdem nicht zur Schule gehen.

Im Gespräch erst wurde ihrer Mutter bewusst, dass etwas gewesen sein muss, da ihre Tochter innerhalb weniger Wochen über 10 Kg zugenommen hatte, keinen Sport mehr trieb und Fingernägel kaute. Das Mädchen war einfach psychisch am Boden und total unglücklich. Alles das innerhalb der ersten Monate nach Schulanfang in der neuen Klasse, mit neuem Lehrer. Merkwürdigerweise war sie sofort nach dem Halbjahreszeugnis krank geworden.

Nachdem ich mit dem Mädchen geredet hatte, ahnte ich, woher das Problem kommen könnte. Sie wollte nicht so recht reden, und das ist typisch bei solchen Fällen. Zum einem haben die Kinder Angst, zum anderen – und das ist der viel wichtigere Grund – schämen sie sich zu sagen, dass sie nicht gemocht werden. Sie schämen sich, nicht wertvoll zu sein.

Auf jeden Fall nahm ich Kontakt mit dem Lehrer auf und wir sprachen über das Kind. Er war froh, dass endlich einmal Kontakt zu ihm gesucht wurde, aber er versuchte sein Verhalten zu verteidigen und von sich aus, ohne dass ich das Wort genannt hatte, sagte er „Herr Dantse, ich diskriminiere kein Kind hier und meine Note sind nicht herkunftsbedingt". Damit gab er mir wichtige Informationen und ich konnte das Mädchen nun besser verstehen Ich riet dem Lehrer, das Mädchen in Zukunft besser einzubeziehen, auf sie zuzugehen und ihm zu zeigen, dass das, was er mir gerade gesagt hatte, auch stimmte. Es ging nicht darum zu sagen, dass man nicht so oder so handelt oder nicht, sondern darum, dass das Mädchen das Gefühl haben muss, dass es nicht ausgegrenzt wird.

Nach dem Gespräch mit dem Lehrer und seinem Hinweis auf „herkunftsbedingte Noten", frage ich die Mutter nach allen Zeugnissen der Tochter. Ich bemerkte anhand der Noten sofort eine Leistungsminderung besonders im Fach Deutsch. Bis zu diesem Schuljahr war ihre schlechteste Note in Deutsch eine zwei gewesen, ansonsten hatte sie immer Einsen gehabt. Für mich wurde das Verhalten des Mädchens langsam sehr klar, zumal ich öfter solche Geschichten gehört hatte und sie auch kannte. Als ich nun mit dem Mädchen redete, Andeutungen in diese Richtung machte, und ihr sagte, dass ich sie verstehen würde, fing sie unter Tränen an, mir alles zu erzählen. Der Lehrer würde sie ignorieren, er würde kaum mit ihr reden, sie könne ihre Hand so lange hochhalten wie sie wollte, wenn sie eine Antwort wusste, aber drankommen würde sie nie, beim Theater bekäme sie immer nur die einfachste und kleinste Rolle, bei der sie nur einen Satz sagen müsse, im Sport, wo sie so gut war, gab er ihr immer eine 3, in Deutsch auch immer nur Dreien. Sie würde es unfair finden. Mit dieser Information konfrontierte ich gemeinsam mit der Mutter den Lehrer und drohte, zur Direktorin zu gehen. Wie durch ein Wunder war danach alles wieder okay und das Mädchen konnte auf einmal wieder gut Deutsch reden, schreiben und verstehen.

Meine Nichte, 9, beklagte sich auch, dass sie es doof findet, wie ihre neue Lehrerin mit ihr spricht, als ob sie ein Kind wäre, als ob sie nicht richtig Deutsch verstehen und sprechen würde, obwohl sie sehr gut Deutsch spricht, schreibt und versteht, wie man an den Hausaufgaben sieht, die sie immer fast ohne

Fehler macht, und obwohl sie im Diktat kaum Fehler macht. Das Problem nahm erst ein Ende, als meine Schwester ein ernstes Wörtchen mit der Lehrerin redete.

Kinder erzählen auch von abwertenden und abfälligen Bemerkungen anderer Kindern und Eltern zu ihrer Herkunft, ihren Heimatländern und manche Kinder beschimpfen sogar ihre Mitschüler ganz offen rassistisch.

Solche Erfahrungen kommen manchmal auch in Sport und Freizeit vor und generell in der Gesellschaft. Das sind Erfahrungen, die Kinder, wenn sie noch nicht innerlich gestärkt sind, fertigmachen und bei einigen verursachen sie sogar psychosomatische Beschwerden.

Negative Programmierungen: Negative Wörter, negative Autosuggestionen und Hypnose, lasche Axiome, negative Du- und Ich-Botschaften, Verfluchungen oder Warnungen mit Fluch-Charakter, negative sexuelle Programmierung

Kinder übernehmen unbewusst viel von den Eltern, seien es positive oder negative Eigenschaften. Was wir den Kindern vorleben, wird morgen auch Teil der Kindern sein. Worte, die wir mit und vor den Kindern benutzen beeinflussen – positiv wie negativ – die Gedanken der Kinder und dadurch ihr Verhalten.

Ich fragte einmal eine Klientin:

> **Frage**: Wenn du dich jetzt siehst und vergleichst mit deinen Eltern: welche Eigenschaften hast du mehr von welcher Seite?

> **Antwort:** Meine Angst, und die vielen negativen Gedanken, die ich mir über das, was andere Menschen denken könnten mache, habe ich von meiner Mutter. Das geringe Selbstbewusstsein, spiegelt sich ein bisschen in ihr. Meine Mutter ist sehr fleißig und klug, ich denke diese Eigenschaften hat sie mir auch weitergegeben.

> Von meinem Vater habe ich die Gutmütigkeit und die Freundlichkeit, er liebt Tiere, ich auch.

Wir programmieren unbewusst unsere Kinder. In diesem Kapitel werden wir erfahren, wie wir Eltern unsere Kinder negativ programmieren und sie somit kaputtmachen und wie

dies wie ein Fluch von Generation zur Generation
weitergegeben wird. Ja, die Kinder tragen alles in sich und
geben es der nächsten Generation weiter, wie eine Seuche.
Hier erleben wir einen klaren Fall von Energievampirismus.

Ich erzähle die Geschichte einer Klientin, die mir wegen ihrer
erst dreijährigen Nichte schrieb:

> *„Ich glaube, ich weiß nun, warum meine Nichte so wütend, so
> unglücklich ist. Es ist das Hänseln und Ärgern. Ich sagte
> bereits, dass sowohl mein Bruder als auch seine Frau die
> Kinder ständig nachäffen und ärgern. Und mein Bruder
> provoziert die echt auch.*
>
> *Wie soll Anne sich wehren? Sie ist ihnen in jeglicher Hinsicht
> unterlegen und das Schlimmste was dazu kommt: Es sind ihre
> Eltern, sie ist abhängig.*
>
> *Wir waren heute einen Ausflug machen. Ich überlegte lange, ob
> ich mitgehen sollte oder nicht. Ich entschied mich dafür, da ich
> sowieso auch raus wollte.*
>
> *Wir gingen spät los, fuhren in den Wald und spazierten zu
> einer Burgruine. Als wir dort waren, dämmerte es bereits, es
> war halb fünf.*
>
> *Wir tranken dort etwas in der Burgschenke. Und da kam dann
> die Situation, in der ich kurz davor war, aufzustehen und den
> Laden zu verlassen. Ich riss mich aber zusammen.*
>
> *Wir saßen also dort und Anne saß neben mir auf der Bank.*
>
> *Es war erst einmal so, dass Anne eine Fanta hatte und nicht
> mit ihrem kleinen Bruder teilen wollte. Arnie (ihr Vater) nahm
> sie ihr ab und füllte etwas in die Babyflasche von Nick, was ich
> schon krass fand. Fanta für ein wenige Monate altes Kind und*

noch dazu in der Flasche! Das gab bereits Geschrei. Grundsätzlich finde ich gut, dass sie teilen muss, aber die Art und vor allem, dass es einfach keine Erklärung, keine klaren Worte gab, gefiel mir nicht.

Anne kam dann ungeschickt an ihr Glas und es fiel auf den Boden. Sie begann zu weinen und das einzige, was mein Bruder machte war, ein genervtes Gesicht zu ziehen und einen genervten Kommentar abzugeben. Während er die Scherben zusammenkehrte. sagte er: "Was hast du da gemacht, du **Dummerle**, typisch du, das ist echt blöd, blöd, blöd, das habe ich dir schon öfter gesagt." Seine Frau sagte nicht viel, sondern blieb gelassen, ruhig, lächelte ein wenig und später sagte sie „irgendwann bist du auch mal nett, oder?"

Die Kleine tat mir Leid, und ich nahm sie dann in den Arm und sagte: „Es ist nichts passiert, es ist nur ein Glas kaputtgegangen." Das Kind flüsterte „ja, es ist passiert, weil ich dumm bin."

Arnie sagte „Siehst du, das kommt davon, dass du Nick nichts abgeben wolltest. Geiz macht halt dumm."

Ich weiß gerade gar nicht mehr, was dann gesagt wurde. Ich glaube, dass es darum ging, dass Nick etwas zu essen hatte, was Anne auch wollte. Arnie sagte irgendetwas dazu, er äffte wieder nach, seine Frau machte mit, sie lachten Anne ständig aus. Vielleicht fällt es mir wieder ein. Es waren auf jeden Fall respektlose Worte, es war so provozierend. Ich verzog keine Miene, aber man sah mir an, dass ich innerlich brodelte. Vor allem finde ich das so übel, dass auch die Mutter immer mitmacht. Sie zeigen einem kleinen Mädchen ihre Macht.

Auf der Heimfahrt überlegte ich mir, was ich das nächste Mal sagen möchte: „Bitte redet nicht so, wenn ich dabei bin." Sie werden verwundert sein. Ich werde dann sagen: „Ich will das nicht hören." Sie werden fragen: „Was?" Ich werde sagen: „Dieses Nachäffen, Ärgern und Provozieren der Kinder. Ich will das nicht hören, ich habe damit ein Problem." Ich sage weiter: „Ihr könnt das gerne weiterhin machen, aber bitte nicht, wenn ich dabei bin. Und falls ihr es doch macht, müsst ihr damit rechnen, dass ich aufstehe und gehe, ganz einfach, weil ich das nicht sehen und hören will."

Als wir von der Burgruine herunterliefen, war es bereits dunkel. Es war echt ein wenig unheimlich, starker, lauter Wind, dunkle Schatten. Wir liefen los. Mein Bruder lief mit seinem Sohn im Kinderwagen vor. Ich war ein Stück dahinter und dann kam Martina, die Mutter, mit Anne an der Hand. Martina sagte leicht lachend „Anne hat Angst, teilen kann sie nicht, Angst kann sie". Was ist das für eine Aussage einer Mutter? Das Kind ist erst drei Jahre alt, mein Gott. Dann macht man halt, dass das Kind keine Angst mehr hat. Ich verstand dann nicht, was sie zu ihr sagte, doch das Ergebnis war, dass das Kind zunächst weiterhin Angst hatte und sich gar nicht mehr bewegen konnte. Zumal mein Bruder Arnie dann auch noch anfing, gruselige Geräusche zu machen und sie zu erschrecken. Ich nahm dann die andere Hand von Anne, damit sie in der Mitte war und sagte ein paar ruhige Sätze, und dass ihr nichts passieren könne, weil der liebe Gott auf sie aufpasst. Danach wollte sie dann weiter.

Auch später machten sie sich nochmals über die Angst der Tochter lustig, in einer anderen Situation.

Heute Morgen erzählte ich übrigens meinem Bruder die Sache mit Anne und der Krippe. Es war aus dem Zusammenhang heraus, wir redeten gerade über diese Krippe. Dummerweise hörte Anne das, sie war auch im Raum. Mein Bruder sagte „Stimmt das, Anne, warst du böse? Bist du ein böses Mädchen?" Oder sowas ähnliches.

Ich sagte: „Arnie, darum geht es nicht. Lass, wir reden später drüber, das ist gerade der falsche Zeitpunkt, sorry."

Später redeten wir nochmals kurz darüber. Ich fragte, warum Anne mit nur drei schon so aggressiv sei, so wütend. Mein Bruder war verwundert „Echt? Ist sie aggressiv? Lisa, das sind halt Kinder." Seine Frau hatte dann eine Erklärung dafür. Dabei machte sie ein Gesicht, als ob das der Grund wäre und sie dagegen eben nichts unternehmen könne: „Ja, die Anne ist aggressiv. Der Nick ist seit ein paar Monaten jetzt aktiver und mischt sich immer ein, das ärgert sie, das stört sie eben."

Ich sagte nur: „Aha, der Nick macht ihr Angst, der Nick lacht sie ständig aus, der Nick nennt sie dumm, blöd, böse – das ist ja interessant!"

Als ich sagte, dass sie mit drei Jahren schon Fingernägel kaut, sagte mein Bruder: „Ja, die Anne kaut Fingernägel, weil sie nichts zu essen bekommt, gell, Anne?"

Dabei kaut die kleine ihre Fingernägel blutig und lacht kaum.

Ich möchte hier erwähnen, dass die Eltern dieses Mädchens studiert haben und beruflich sehr erfolgreich sind. Dem kleinen Mädchen mangelte es nicht an materiellen Dingen, sie hat nur die teuersten Dinge.

Dies war ein Beispiel, wie Arnie und Martina das Mädchen und später den Jungen auf Krankheit, Unglücklichsein und Angst programmieren. Die Kinder werden seelische Störungen haben, weil sie von Kindheit an so konditioniert wurden. Anne wird sich als böse und dumm betrachten. Sie wird

Minderwertigkeitskomplexe haben und ihr wird das Selbstbewusstsein fehlen.

Die Kinder, die unglücklich sind, sind nicht unglücklich gezeugt und geboren. Wir Eltern sind diejenigen, die sie zum großen Teil zum Unglücklichsein programmiert haben.

Es fängt bereits in der Schwangerschaft an, wie ich im ersten Kapitel gezeigt habe.

Besonders in den Industrieländern ist das Unglücklichsein ein Volksgefühl geworden. Viele Menschen in den westlichen Ländern waren schon einmal bei einem Psychologen. Man sagt, es gibt mehr Psychologen in den westlichen Ländern als Ärzte.

Warum sind wir und unsere Kinder so unglücklich? Ich habe mit vielen Erwachsenen über die Gründe ihres Unglücklichseins geredet. Ich habe mit vielen Eltern geredet, die sich beklagten, dass ihre Kinder unglücklich sind, obwohl sie alles getan haben. Zusammen mit meinen Erfahrungen als Vater, komme ich zu dem Schluss, dass ein Hauptgrund, warum unsere Kinder unglücklich sind und es bleiben, die negative Programmierungen sind, denen wir sie ausgesetzt haben.

Ob die Kinder sich nicht mögen, an sich zweifeln, ein geringes Selbstbewusstsein und eine geringe Selbstachtung haben, hat zum größten Teil mit den Erlebnissen direkt in der Familie zu tun. Was wir ihnen vorleben, erzählen, über uns und über sie sagen, wie wir uns selbst sehen, sie nennen, bezeichnen und qualifizieren, wie wir in Situationen wie Angst und Gefahr reagieren, ist das, was sie mitnehmen werden. Sie saugen all das auf, wie ein Schwamm und werden so von uns programmiert.

Wir hypnotisieren unsere Kinder jeden Tag, mit dem was wir sind und was wir essen, was wir tun, was wir sagen.

Wir benutzen Sätze, die extrem gefährlich sind – manche sind schlimmer als Schläge für die Kinder.

Es ist in vielen Familie fast normal und alltäglich, folgende Wörter zu benutzen: „blöd, scheiße, verrückt, schlimm, usw." Dass solche Wörter einen starken Fluch-Charakter haben, ahnen wir nicht. In meinem Buch „Die Kraft des Wortes" erkläre ich genau, was ein Wort in unserem Gehirn provozieren kann. Vergessen wir nicht, dass die Welt (für die, die an einen christlichen Gott glauben) aus einem einzige Wort Gottes entstanden ist. Man sagt am Anfang war das Wort. Das Wort war mit Gott, das Wort war Gott. Die Macht des Wortes in unserem Unterbewusstsein ist gigantisch. Ich möchte nicht viel weiter auf das Thema eingehen, sonst sprengt es den Rahmen dieses Buches. Aber es ist sehr interessant, mein Buch zu lesen, um zu wissen, wie mächtig das Wort ist.

Wir hören oft Eltern ihren Kindern folgende Äußerungen sagen. Es wirkt auch schon negativ auf die Kinder, wenn man sie nicht direkt anspricht, das heißt, wenn man nur in ihrer Anwesenheit diese Wörter und Ausdrücke zu sich selbst sagt. Ich meine Äußerungen wie:

„Ha, das ist so blöd.“

„Das ist echt scheiße.“

„Bist du blöd, oder was?“

„Du benimmst dich wie ein Hund.“

„Du isst wie ein Schwein.“

„Du schmatzt wie ein Schwein, kannst du wie ein gut erzogenes
Kind essen?“ (Unbewusst versteht das Kind es so: ich bin
unerzogen)

„Du bist unerzogen/ungezogen…“

„Das ist dumm, was du da machst“ (das Kind versteht es so: ich bin
dumm)

„Du Idiot.“

„Dummer Kerl.“

„Du bist ein Versager, eine Null!“

„Du solltest Dich was schämen.“

„Du Blödmann, gib das her.“

„Idiot, verschwinde direkt in dein Zimmer.“

„Du kannst nur nerven.“

„Du machst deinen Mund auf und es kommt nur Blödsinn raus.“

„Das ist blödsinnig, was du da sagst.“

„Rede kein dummes Zeug.“

„Du kriegst einen Hirnschaden.“

„Kannst du es nicht so machen, wie deine Freundin Elise?“

„Du wirst wie dein Vater werden." (Wohlgemerkt, der ist gewalttätig)

„Du kannst es einfach nicht schaffen."

„Wir legen uns krumm – und du?"

„Du taugst nichts."

„Du ein böses Kind."

„Du machst mich verrückt."

„Ihr macht mich fertig."

„Du machst mich irre."

„Ich werde gaga."

„Ich kann nicht mehr mit euch."

„Ich habe es satt mit euch."

„Hast du noch alle? Ist in deiner Birne noch alles in Ordnung?"

„Ach, von dir habe ich nichts anderes erwartet"

„Aus dir wird nix."

„Du bist so lahm wie eine Ente. Kannst du nicht rennen wie Paul? Der ist gut."

„Schau mal Anne, siehst du, wie sie ihren Eltern zuhört? Wie gut sie sich kleidet?"

„Du kannst es eher nicht schaffen."

„Mach dich nicht lächerlich, dein Arsch sieht so scheiße darin aus."

„Lisa, meine liebe Tochter, verstehe einfach, dass kurze Röcke nichts für deine Beine sind."

„Es ist doch normal, dass er schneller rennt als du. Er ist eben dünner."

„Nicht schlimm, Mathe ist sowieso nicht dein Ding, auch dein Papa hatte keine Ahnung davon, aber er verdient Geld."

usw.

Es gibt auch vermeintliche gute Warnungen, die mehr Drohungen und Verwünschungen sind:

„Was dabei herauskommt, wirst du ja sehen."

„Du wirst es bereuen, wie du…"

„Pass auf, dass du es nicht wie ich bereust, dich als Mädchen immer nach vorne zu drängen. Du siehst doch, was das aus mir gemacht hat." (Meine Klientin hörte oft solche Warnungen von ihrer Mutter und deswegen entschied sie sich, nicht Pilotin, ihr Traumberuf, zu werden und es fällt ihr immer schwer, vor Menschen sich und ihr Können zu zeigen)

„Du wirst mehr leiden als ich, wenn du…"

„Ja sag mal, du hast ja das Wissen einer erwachsenen Frau. Wie alt bist du? 10, 12? Dann sagte ich: Pass auf, ich dachte auch mal, ich würde alles wissen. Irgendwann wurde ich dann vorsichtig, weil mein Wissen mir nur Unglück brachte." (Diese Äußerung wurde einem Mädchen wirklich gesagt und das veränderte ihr Leben sehr negativ. Sie wurde ängstlich, unsicher, und weil Wissen eben Pech bringt, machte sie sich unbewusst dümmer)

„Pass auf, dass du nicht irgendwann stolperst"

„Pass auf, dass…"

„Pass auf, pass auf, pass auf!!!"

Solche Wörter, Sätze und Warnungen verschwinden nicht nach dem Aussprechen. Nein, sie kleben in der Psyche der Kinder. Sie pflanzen sich in ihrem Unterbewusstsein ein und wachsen darin. Bald werden sie die Macht über ihre Handlungen übernehmen und sie werden sich genau so verhalten, und alles das über sich sagen und denken, wie es in unseren Äußerung gemeint waren.

Alle, was wir den Kindern sagen ist für sie wie eine Hypnose, da wir als Eltern ihre Bezugspersonen sind. Wir sind ihre Götter. Sie glauben uns zuerst alles. Sie gehen davon aus, wir wissen es besser und kennen die Wahrheit. Alles, was wir sagen ist auch wahr und richtig. Sie nehmen unsere Meinungen und Äußerungen fast eins zu eins in sich auf. Sie helfen mit ihrem Glauben an und in uns, dass sich unsere Äußerungen in ihrem Kopf festsetzen. Unsere negativen Äußerungen werden somit zu ihren Glaubenssätzen, an die sie auch fest glauben. Das heißt, diese Äußerungen wirken nun nicht nur in ihrem Unterbewusstsein, sondern auch in ihrem Bewusstsein (Ja, Mama hat Recht, ich bin dumm, ich weiß, ich bin nicht gut in Mathe, wie der Papa. Dicke Beine sehen nicht schön aus im Rock, ich werde lieber meine Beine in Jeans verstecken, wie die Mama auch…). Sie sind negativ programmiert.

Manche dieser Kinder machen mehrere Therapien und finden leider keine Lösung, weil sie sich und uns Eltern nicht in Frage stellen wollen, besonders, wenn sie von uns emotional und finanziell abhängen. Immer sind andere Leuten schuld: die verschiedene Partner, die sie austauschen ohne, dass sich etwas ändert, ihre eigenen Kinder sind schuld, dass es ihnen schlecht geht, es ist das schlechte Wetter, das schöne Wetter, das schlechte Essen, der Schnee im Winter usw. Hauptsache sind nicht Vati und Mutti, und so lassen sie die einzige wahre Chance liegen, doch irgendwann einmal glücklich zu werden, nämlich die Eltern in die Verantwortung zu nehmen.

Es sind auch negative Programmierungen, wenn wir über uns selbst fluchen. Wenn wir genervt negative Wörter fallen lassen, wenn Kinder dabei sind: scheiße, doof, verdammt, blöd, usw., wenn zum Beispiel eine Arbeit schwer ist, wir uns den Fuß stoßen, wir eine schlechte Nachricht bekommen. Diese Worte wirken im Beisein der Kinder negativ auf sie. Sie wirken sowieso schon negativ auf uns, aber in diesem jungen Gehirn sind sie noch schädlicher.

Mit solchen negativen Äußerungen verfluchen wir unsere Kinder regelrecht und machen somit ihre Zukunft und die der kommenden Generationen sehr schwer. Ja, dieser Fluch geht dann von Generation zur Generation, denn wir selbst haben das sehr wahrscheinlich von unseren eigenen Eltern übernommen und unsere Kinder werden zum großen Teil das Gleiche mit ihren Kindern machen, und irgendwann einmal wird man gar nicht mehr nachvollziehen, woher unser Unglücklichsein kommt.

Es tut den Kindern nicht gut, wenn wir Eltern bestimmte Situationen sehr negativ kommentieren und wir uns mit bösen Wörtern äußern.

Beispiele sind: „Hey Kinder, das ist Terror…, du terrorisiert mich…, ihr bringt mich um…, du machst mich verrückt…, ich werde verrückt..., ich kriege die Krise…, ihr seid unmöglich…" Diese Sätze wirken destruktiv auf die Psyche der Kinder. Manchmal sagen wir das gar nicht direkt zu den Kindern, aber wir beklagen uns vielleicht in einem Telefonat mit unseren Eltern und die Kinder bekommen mit, wie schlimm über sie geredet wird.

Wir belasten damit die Kinder sehr. Wir bringen den Kindern bei, ein schlechtes Gewissen zu haben. Sie fühlen sich schuldig. Sie bekommen mit der Zeit das Gefühl, dass sie böse sind, nicht liebenswert. Das frustriert sie und gerade deswegen werden sie noch heftiger, noch unsensibler, wenn sie nach ihrer Meinung das Gefühl haben, dass sie nichts falsch gemacht haben. Viele Kinder fangen dann an, an sich zu zweifeln, kein Selbstvertrauen aufzubauen. Kinder, die sich nicht mögen, die immer anders aussehen wollen, die ihren Körper hassen haben dies subtil und meist unbewusst von ihren Eltern gelernt.

Negative Bilder in Spielen, auch Videospielen, im Fernsehen, im Internet, in Büchern, können unsere Kinder auch im Hintergrund negativ programmieren. Wir kennen Geschichten von Kindern, die nach einem Film oder einem Videospiel schlimme Straftaten begangen haben.

Wir können unsere Kinder auch mit vermeintlich guten und liebevollen Äußerungen negativ programmieren. Diese Art von Programmierung kann sogar schlimmere Folgen haben als die von vornherein als gefährlich erkannten Äußerungen.

Beispiele für diese Äußerungen sind:

„Oje, meine Kleine, du bist traurig, gell?" (Das Kind war nur müde und still. Sie wollte sich nur ausruhen. In Zukunft wird sie interpretieren, dass sie traurig ist, wenn sie eigentlich nur

müde ist, und so assoziiert sie in ihrem Unterbewusstsein Müdigkeit und Traurigkeit.)

„Du siehst fertig aus, soll ich dir helfen?"

„Oje, Anne, mein Schatz, du bist am Ende mit deinen Nerven, gell?"

„Ja, ich weiß, das tut wirklich sehr weh, ich bringe dir …"

„Es ist doch nicht so schlimm, nur wenige Frauen sehen wie Heidi Klum aus." (Sagte eine Mutter ständig zu ihrer Tochter, als sie sich über ihren Körper beklagte oder wenn ein Mann sie verlassen hatte. Damit bestätigte die Mutter, dass ihre Tochter nicht schön sei und befeuerte ihre Tochter, sich ständig mit Heidi Klum zu vergleichen, um doch immer wieder festzustellen, dass sie „hässlich" ist.)

„Du schaffst das nicht, oder? Ich weiß, es ist so schwer."

„Pass auf, Patrick, am besten fährst du mit dem Bus hin und nicht mit dem Fahrrad. Die Straße ist so glatt" und Patrick antwortete: *„Aber Mama, es geht schon, andere Menschen fahren auch."* Mama: *„Ich habe gestern gelesen, wie ein LKW-Fahrer auf dem Schnee ausgerutscht ist und ein Kind, das auf Rad war, zerquetscht hat und es war auf der Stelle tot. Es ist echt gefährlich."* Dann schnappt sich Patrick seine Tasche und läuft zu Fuß.

„Mein Schatz, pass bloß auf, dass du nicht runterfällst. Es tut so weh, du könntest dir auch die Beine brechen."

Kind: *„Mama, mein Bauch zwickt ein bisschen."* Mama: *„Oje, leg dich hin, du hast Bauchschmerzen, ich bringe dir eine Wärmeflasche."*

Das Kind jammert und jammert die ganze Zeit, der Vater versucht es zu beruhigen: *„Ja, ich weiß, dass es nicht einfach ist. Ja* *ich verstehe, dass du jammerst. Bei mir war es auch so schlimm. Ich musste sogar ins Krankenhaus ..."*

Mama: *„Gerhard, was sagst du da? Warum schimpfst du noch mit ihr? Siehst du nicht, dass sie am Ende ihrer Nerven ist, Miriam ist fertig. Sie ist total fertig und kann nicht mehr?"* Und plötzlich verhält sich Miriam genauso, wie Mama gesagt hat. Sie stellt sich unbewusst auf „fertig" ein, um Mitleid, Mitgefühl der Mutter zu bekommen. Miriam ist aber über 30.

Das Kind hat ein paar Schwierigkeiten, weil es sich bei den Übungen nicht Zeit genug nimmt und deswegen nicht konzentriert ist:

„Lisa, Mathe ist nicht deine Stärke, gell?" Lisa versteht es so, dass sie sich nicht mehr in Mathe bemühen muss und erzählt dann überall, wie von der Mama gelernt: „Mathe ist nicht meine Stärke."

„Anton, du hast es nicht so mit Deutsch, oder? Schreiben ist nicht deine Leidenschaft, gell?"

Solche Äußerungen scheinen liebevoll zu sein und sind auch so gemeint, aber leider sind sie schlimmste negative Programmierungen mit negativen Auswirkungen auf die Kinder. So fängt das Kind zum Beispiel an, Schnee als etwas Gefährliches zu sehen und irgendwann ist es nicht mehr nur ein Gedanke, sondern wird auch so gefühlt und gelebt. Im Winter ist so ein Kind unglücklich, weil es Angst vor dem Schnee hat. Es könnte doch sterben, wenn ein Lkw ausrutscht.

Unsere exzessiven Warnungen und unser übertriebener Schutzdrang lassen Ängste und Unsicherheit in Kindern entstehen. Da unsere Kinder durch unsere ständigen

Warnungen nicht ihre Grenze getestet und nichts riskiert haben, haben sie kein Vertrauen in sich und in ihre Umwelt. Ohne Vertrauen in sich selbst gibt es kein Selbstvertrauen und Selbstwertgefühl. Viele solche Kinder haben Minderwertigkeitskomplex. .

Wie ich geschrieben habe, hypnotisieren wir unsere Kinder jeden Tag. Wenn wir unseren Kindern negative Suggestionen sagen, oder aus Liebe zu ihnen ihre negativen Autosuggestionen bestätigen, hypnotisieren wir sie negativ. Und, wie bei jeder Hypnose, werden sie sich so verhalten, wie diese Suggestionen ihnen nahelegen.

„Ich bin müde Mama." Und die Mama sagt: *„Ja, mein Schatz du bist sehr müde, deswegen bist du schlecht gelaunt und unmöglich zu mir. Ich verstehe dich."*

Das Kind wird somit ermutigt, schlecht gelaunt zu sein und seine Mutter schlecht zu behandeln und bekommt dafür nun auch noch eine Entschuldigung.

„Ich kann es nicht schaffen, Mama, es ist zu viel und ich habe keine Kraft dafür." Die Mama bestätigt: *„Ja Liebling, es ist wirklich sehr viel, wie konntest du nur glauben, dass du es schaffen kannst? Niemand erwartet es von dir. Natürlich kannst du es nicht schaffen."* (So eine Äußerung, die im ersten Moment so lieb klingt, so fürsorglich erscheint, ist giftig. Das Unterbewusstsein des Kindes versteht es zum einen so, dass ihm niemand etwas zutraut, und zum anderen, dass es unfähig ist. Ein Kind, das so „geschützt" wird, wird ein geringeres Selbstvertrauen haben).

„Ich fühle mich nicht so gut und überlege, ob ich zum Arzt gehen soll." Eltern: *„Oh, du Arme, ja wir sehen es in deinen Augen, es geht dir schlecht, gell? Wir machen uns so Sorgen. Du musst*

unbedingt zum Arzt. Sollen wir dich zum Arzt fahren?" (Erst dann gerät das Mädchen in Panik und erst dann wird es ihm bewusst, dass einfache Migräne anscheinend fast „tödlich" ist. So verliert es das Vertrauen in die Fähigkeiten seines Körpers, kleine Beschwerde selbst zu beseitigen. Die Folgen für das Mädchen muss ich hier nicht mehr erwähnen.)

Mit der Wiederholung und der Bestätigung der negativen Aussagen (Schritte der Hypnose) greifen wir in das Unterbewusstsein ein. Wir sind dabei, das Kind aus Liebe zu ihm leider negativ zu programmieren. So ein Kind wird sich immer unfähig fühlen, bei Kleinigkeiten keine Kraft und keinen Mut finden. Bei kleinsten Schwierigkeiten wird es überfordert sein.

Bei solchen Situationen ändern wir auch unsere Sprechart und unsere Körpersprache, damit sie sich unsere Äußerungen anpassen. Wir reden und verhalten uns wie ein Kind, um dem Kind noch mehr unser Mitgefühl zu zeigen. Das Kind sieht das alles, nimmt solche Bilder auf und verhält sich immer öfter so, weil es weiß, dass es dadurch die Aufmerksamkeit der Eltern bekommt. Irgendwann wird es nun eine Gewohnheit, mit gebeugten Schultern und verzogener Miene zu laufen.

Wenn die Eltern immer alles negativ sehen und unglücklich sind, programmieren sie ihre Kinder auch negativ und zum Unglücklichsein

Auch Aussagen, die in den Kindern Schuldgefühle erzeugen sind gefährliche Programmierungen:

„Warum tust du mir so etwas an?"

„Ihr saugt meine Energie aus."

„Du machst mich krank.“

„Ich bin am Ende meiner Kräfte.“

„Willst du, dass ich mich umbringe?“

„Was werden nur die Nachbarn über uns denken?“

„Ihr seid unmöglich zu mir, eurer Mutter!“

„Hast du kein Mitleid mit deiner Mutter?“

„Seht ihr nicht, dass ihr eure Mutter traurig macht?“

Dabei sind wir selbst schuld, dass die Kinder uns nicht respektieren und gehorchen. Unser inkonsequenter Erziehungsstil am Anfang – der oft aus unserer eigenen Kindheit kommt – als wir den Kindern keine Grenzen gezeigt haben, führt oft automatisch dazu, dass die Kinder sich so verhalten. Anstatt dass wir die Verantwortung dafür tragen, versuchen wir, den Kindern die Schuld zu geben für unsere Unfähigkeit. Wir sollten unseren Eltern die Schuld geben und nicht unsere Kinder mit solchen Äußerungen seelisch zerstören. Kinder, die so unter Druck gesetzt werden, reagieren oft mit mehr Härte. Sie verteidigen sich und so entsteht negative Energie, die sie schwach macht.

Kinder und Menschen, die von den Eltern zum Unglücklichsein programmiert worden sind, können sich nur durch eine Abnabelung von ihren Eltern befreien.

Wir „loben“ die Defizite der Kinder. Wir pflanzen Defizite in sie und nähren diese und sind dann erstaunt, oder tun so, wenn diese Kinder es alleine, ohne uns, nicht schaffen wenn sie groß sind, uns für alles brauchen, ständig krank sind, gestörte Beziehungen haben, unter Essstörungen leiden usw. Wir machen sie schwach und hilfsbedürftig. Solche Kinder werden von uns abhängig sein und so zulassen, dass wir Eltern ihre Energie aussaugen, indem wir ihnen immer helfen, um uns als etwas Besseres darzustellen. Über die Schwäche unserer Kinder zeigen wir unsere Kompetenz. Das gibt uns ein schönes Gefühl, da wir so unsere eigene Defizite übersehen, denn es gibt andere, denen es schlechter geht. Wir nehmen die Energie unsere Kinder, um uns wohlzufühlen. Es ist auch egal, ob dies bewusst oder unbewusst passiert. Die negativen Konsequenzen für die Kinder sind in jedem Fall da.

Was ist dann mit der negativen sexuellen Programmierung?

Im Kapitel über sexuelle Belästigung, ab Seite 173, habe ich bereits beschrieben, dass manche Kinder schon sehr früh sexuelle Erregungen erleben können.

Ab Seite 353 schreibe ich über die sexuelle Frustration mancher Kinder als Auslöser bestimmter allgemeiner Frustrationen und Unzufriedenheit.

Ich habe in Gesprächen mit Erwachsenen festgestellt, dass sie sich schon sehr früh, besonders im heranwachsenden Alter, Gedanken über die Sexualität ihrer Eltern gemacht haben. Eltern können, ohne es zu wissen, die Sexualität ihrer Kinder negativ oder positiv mitprägen.

Überforderung und Versagensängste der Kinder

Erziehung kann Kinder überfordern.

Überforderte Kinder sind schnell frustriert und verlieren rasch die Lust. Genauso wie bei der Überhütung verlieren sie das Urvertrauen. Und ohne Urvertrauen kein Selbstvertrauen.

Zu große und übermäßige Erwartungen, zu viele Herausforderungen erzeugen negativen Druck auf Kinder

Leistungsdruck kann seelische und körperliche Beschwerden bei Kindern verursachen.

Wenn wir viel auf einmal von unseren Kindern wollen und fordern (schon in der zweiten Klasse mehrere Fremdsprachen lernen, die besten Noten in allen Fächern haben, bei den Freizeitaktivitäten immer vorne sein, so viele Freunde, wie möglich zu haben, sich immer und überall super benehmen und anständig sein, usw.) schaden wir ihnen am Ende schwer: Die Kinder haben Angst und diese Angst hat negative Folgen für ihre psychische und körperliche Entwicklung. Die Kinder bekommen den Eindruck, dass sie nur etwas wert sind, wenn sie den Erwartungen der Eltern entsprechen und zum Beispiel in der Schule immer nur die besten Noten haben, nach dem Motto: „Je besser meine Noten sind, desto mehr werde ich geliebt." Sie leben in ständiger Angst und entwickeln einen Drang zur Perfektion.

Es ist wichtig, dass Eltern ihre Kinder fordern, und dass die Kinder auch herausgefordert werden. Ich finde es gesund, bestimmte Erwartungen an die Kinder zu stellen. Ich glaube zum Beispiel, dass es gut ist, nach der Schule die Hausaufgaben der Kinder zu kontrollieren, mit ihnen zu üben oder ihnen da zu helfen, wo sie etwas nicht verstanden und Schwierigkeit haben. Es ist für das Kind wichtig, erzählt zu bekommen, dass gute Noten wichtig sind, und dass es dafür lernen muss. Es ist legitim, die Kinder zu motivieren, sich für das zu begeistern, wofür sie ein Talent haben und was sie gerne tun. Ich finde, es ist vollkommen okay und gut für das Wohl der Kinder, wenn man sie auch einmal anschiebt, damit sie versuchen, über sich selbst hinauszugehen und versuchen, noch mehr aus sich herauszuholen, als immer nur das Nötigste. Doch wenn Eltern dabei zu übermotiviert vorgehen, schaden sie den Kindern. Diese fühlen sich überfordert und spüren Stress, Frust und haben Versagensangst.

Wenn wir den Kindern immer vermitteln, dass sie schlecht sind, wenn sie in der Schule nicht nur Einser haben, oder beim Fußball nicht das Siegtor geschossen haben, dann fühlen sich die Kinder unter Druck und bauen Minderwertigkeitskomplexe und die Angst zu versagen auf.

Doch nicht nur wir Eltern können unsere Kinder überfordern, auch die Lehrer, oder zum Beispiel die Trainer können es tun.

Die Folgen der Überforderung sind: Kopf- und Bauchschmerzen, Schlafstörungen, innere Unruhe und Anspannung, Essstörungen, Verspannungen, Einnässen, Schmerzen an verschiedenen Körperstellen, Gliederschmerzen, Schweißausbrüche, Aggression, usw.

Unpassende und sehr ehrgeizige Wünsche und Träume der Eltern, die nicht immer die Wünsche der Kinder sind: Die Kinder sollen die Träume der Eltern verwirklichen

Kinder sind für manche Eltern eine emotionale und finanzielle Investition in die Zukunft, oder sie sollen ein Grund sein, bei Freunden und im Familienkreis mit ihnen anzugeben und stolz auf sie zu sein.

Die Kinder sollen genau in die Fußstapfen der Eltern treten, die Praxis, das Unternehmen, das Erbe übernehmen. Oder sie sollen erreichen, was die Eltern nicht geschafft haben und wofür sie sich schämen. Oder sie sollen es einfach besser haben, damit sich die Eltern dann deswegen besser fühlen können. Um all dies zu erreichen geben die Eltern dann Gas, ohne Rücksicht auf Verluste, wohlgemerkt.

Wie viele Kinder weltweit werden von uns Eltern auf Hochleistungen gedrillt und gequält, sei es im Sport oder in der Schule, nur damit sie das erreichen, was wir uns wünschen?

Das Wohl und die Rechte der Kinder werden regelrecht missachtet, nur damit wir Geld verdienen oder mit dem Erfolg der Kinder angeben und somit unser Ego aufpolieren können.

Michael Jackson ist ein Beispiel dafür, wie ehrgeizige Wünsche und Träume der Eltern fatale Folgen für die Kinder haben können. Man könnte den Fall Jackson sogar Kindermisshandlung nennen. Die Fälle Michael Jackson oder auch Britney Spears sind die bekanntesten, aber bei weitem nicht die Einzigen. Wir sehen besonders im Sport und im Showbusiness eifrige Eltern, die vor nichts zurückschrecken und bereit sind, ihren Kindern schlimmste Schmerzen zuzufügen, damit sie Erfolg haben und im Rampenlicht stehen. Millionen von Kindern leiden darunter, dass sie unsere Träume verwirklichen müssen.

Wir sehen im Fernsehen Kinder, die in verschiedenen Shows ihre Talente zeigen. Wir stellen uns nicht vor, was dies für manche bedeutet. Viele Kinder, die an solchen Shows teilnehmen, erleiden Traumata, die sie ihr Leben lang mit sich tragen. Meistens gehen sie auf Wunsch ihrer Eltern, Betreuer, Agenten usw. zu solchen Veranstaltungen und müssen Unmengen an Leid ertragen. Wir haben keine Vorstellung davon, was es psychisch für sie bedeutet, vor Publikum ausgelacht zu werden! Wie verkraften kleine Kinderseelen Sieg und Niederlage? Welches seelische Drama ist der Tag danach für diese Kinder, wenn sie „blöd" verloren haben und ihre Mitschüler sich über sie lustig machen?

Man muss aber gar nicht so weit gehen, um Fälle zu sehen, in denen die Eltern die Kinder kaputt machen, damit ihr eigenes vertanes Leben doch noch einen Sinn hat.

Ich kenne eine Frau, die mit den besten Noten ihr Maschinenbaustudium abgeschlossen hatte und Doktorandin an einer der weltweit besten Unis war. Alles lief gut, aber die Frau war von Jahr zu Jahr unglücklicher. Sie zwang sich, den Traum ihres Vaters – der gerne Maschinenbauingenieur gewesen wäre – bis zum Ende zu führen und dabei machte sie sich kaputt. Seelische und körperliche Beschwerde, begleiteten sie seit ihrem Abitur, seitdem sie dieses Fach studiert hatte, anstatt das zu tun, worauf sie immer Lust gehabt hatte: Journalistin werden.

Erst nachdem sie mit dem „Quatsch" aufgehört hatte, ihre Eltern mit klaren Worte in ihre Schranken verwiesen hatte, verschwanden alle schlimmen psychischen Krankheiten, die sie hatte. Erst als sie ablehnte, den Traum ihrer Familie weiter zu verfolgen und nun ihren eigenen Weg nahm, wurde sie befreit. Sie musste erst so einen Aufstand machen, bis sie endlich frei und gesund sein konnte.

Wir rauben den Kindern ihre Kindheit, wenn wir sie für unsere Träume einspannen und das bleibt nicht ohne Folgen für sie: eine zerstörte Persönlichkeit, schlechte und falsche Wahrnehmung von sich selbst, Perfektionswahn, Kontrollzwang, psychische und körperliche Schmerzen, Depressionen, Frustrationen, Migräne, Bauchschmerzen, schmerzhafte Regel, sowie Konsum von Drogen und Alkohol.

Schule kann krank machen: Leistungsdruck und exzessive Erwartungen überfordern die Kinder; Kindermobbing und Lehrerverhalten verursachen Stress

Eigentlich sollten sich Kindererziehung und Schule ergänzen. Eltern und Lehrer sollten zum Wohl des Kindes zusammenarbeiten, damit sich das Kind auf dem Weg zum Erwachsensein gesund entwickelt.

Die Schule sollte ein Ort sein, wo das Kind weitere wichtige Lehren des Lebens bekommt, aber leider ist allzu oft das Gegenteil der Fall: für viele Kinder ist die Schule die Hölle mit schlimmen Folgen und seelischen und körperlichen Beschwerden.

Gewalt, Einschüchterung, Erpressung, Mobbing durch Schulkameraden, das nicht sachgemäße Verhalten der Lehrer, der Lernstoff und das Lerntempo machen Kinder krank. Eine Ursache für Selbstmordversuche bei Kindern ist die Überforderung durch Erlebnisse in der Schule, wie eine Studie der Universitäts- und Poliklinik für Kinder und Jugendliche der Universität Leipzig bestätigt hat.

Leistungsdruck und hohe Erwartungen der Eltern können Kindern schaden

Übermäßig und übertrieben motivierte Eltern, die ausschließlich auf die Noten ihrer Kinder fixiert sind, überfordern diese und sind deswegen ein Problem und keine Lösung. Viele Kinder stehen heute unter einem Leistungsdruck, den sie kaum noch meistern können. Früher sprechen, früher rechnen, früher lesen, mehrere Fremdsprachen sprechen, nur Einser schreiben – ja, so müssen „gut erzogene" Kinder aus „guten Familien" heute sein, denn viele Eltern sehen die Leistungen ihrer Kinder als Symbol für ihren eigenen Erfolg.

Die Kinder werden unter Druck gesetzt. Ein Eins minus ist so schlimm! Eine Zwei? Das ist eine Katastrophe! Es entsteht Angst. Aus Furcht zu versagen, haben die Kinder Kopf-, Bauch-, Gliederschmerzen und Stress. Ihnen wird übel und sie schlafen schlecht. Sie fühlen sich ausgebrannt, müde und erschöpft. Dies führt dazu, dass die Kinder häufig das Gefühl haben, dass einfach alles zu viel ist, was man in der Schule von ihnen erwartet.

Objektiv gesehen ist es nicht so, dass die Schule zu viel erwartet. Wenn ich die Situation der Kinder hier in Deutschland zum Beispiel mit der in Kamerun vergleiche, wo der Schulunterricht viel intensiver ist und von 7:30 Uhr bis 16:00 Uhr geht, jede Woche Testarbeiten in verschiedenen Fächer geschrieben werden und im Abitur mindestens sieben Fächer geprüft werden und die Kinder dennoch viel gelassener und entspannter sind, dann schließe ich daraus, dass es nicht darum geht, dass die Schule zu viel erwartet, sondern darum dass die Kindern weniger können und aushalten. Ich finde sogar, dass deutsche Schulkinder viel mehr Freizeit haben als Kinder in anderen Ländern, und dass das Schulsystem viel lockerer ist. Trotzdem ist es eine Tatsache, wenn auch eine subjektive, dass dieses Gefühl den Kindern hier Druck macht und sie überfordert.

Der schlechte Umgang mancher Lehrer mit den Kindern, die lasche Erziehung der Eltern, die Vollzeitbeschäftigung beider Elternteile, der ständige Druck der Eltern auf die Lehrer, der mangelnde Dialog zwischen Lehrern und Eltern, der Versuch der Eltern, die Lehrer als Ersatzeltern zu benutzen, ihnen aber die Machtmittel dazu zu nehmen, der Versuch, die Lehrer verantwortlich zu machen für eigenes Versagen, der Vergleich der Noten mit anderen Kindern oder das Lerntempo können Kinder sehr stressen und krank machen – all dies trägt dazu bei, dass Schule für Kinder eine Belastung ist.

Worte können für Kinder schlimmer sein als Schläge: „Du hast nichts auf dem Gymnasium zu suchen, du bist ein dummes Kind, was gibt es da nicht zu verstehen?" sagen manche Lehrer zu einzelnen Schülern. Etwas Ähnliches habe ich von einer Mutter gehört. Sie erzählte mir, der Lehrer hätte mehrmals zu ihrem zehnjährigen Sohn gesagt: „Du bist zu fett" oder – vor anderen Kindern – „fette Sau, Ruhe jetzt!" Die anderen Kinder machten sich seitdem über das Kind lustig und nannten ihn „unser fette Sau". Er wollte nicht mehr zur Schule gehen, war nun ständig krank (er klagte über Bauchschmerzen, Kopfschmerzen), meistens erfunden, um nicht zur Schule gehen zu müssen, nahm innerhalb von drei Wochen extrem zu und sagte ständig über sich, er würde sich hassen und behauptete, niemand würde ihn lieben

Auf jeden Fall wirken solche Sätze tiefer in den Kindern, als wir uns vorstellen können. Sie greifen ihr Selbstwertgefühl und ihr Selbstvertrauen direkt an.

Lehrerverhalten – Rassismus in der Schule?

Manche Kinder werden von ihren Lehrern regelrecht gedemütigt, beleidigt, gekränkt und sogar gemobbt, weil sie anders aussehen oder eine andere Herkunft haben. Vielleicht kommt es in den Medien nicht so oft vor, aber dieses Thema ist an manchen Schulen für die Kinder tägliche Realität. Wie fast überall in der Gesellschaft gibt es leider auch in der Schule diskriminierende Handlungen von manchen Lehrern gegenüber Kindern.

Ich kenne viele Kinder aus Migrantenfamilien, die sich über Ungerechtigkeiten der Lehrer ihnen gegenüber beschweren. Eltern beklagen, dass die Kinder unterschätzt werden und die Toleranzgrenze der Lehrer ihnen gegenüber sehr niedrig ist. Bei den kleinsten Fehlern greifen sie härter durch als bei „deutschen" Kindern. Manche haben das Gefühl, dass sie schlechtere Noten in bestimmten Fächern bekommen, nur weil sie einen Migrationshintergrund haben.

Anhand eines Diskriminierungsfalles lässt sich verdeutlichen, wie Lehrer Kinder kaputtmachen können

Dies ist die Geschichte von Sarah, einem sehr intelligenten Mädchen, mit afrikanischem Vater und deutscher Mutter. Sie sollte schon zweimal die Klasse überspringen, schreibt nur Einser, ist sportlich topfit und kann alle Sportarten „mit links". In der 8. Klasse bekam sie einen Lehrer, der ihr in Sport immer eine Drei gab. Sarah konnte das gar nicht begreifen, da sie in noch keinem Fach je eine schlechtere Note als eine Eins gehabt hatte. Sie beklagte sich mehrmals bei dem Lehrer. Sie würde sich genauso viel Mühe geben wie früher, in der Klasse und der ganzen Schule wisse jeder, dass sie sehr sportlich sei, dafür würde man sie auch anerkennen. Warum bekomme sie jetzt immer eine Drei? Aber der Lehrer ließ sich auf gar keine Diskussion mit ihr ein. Erst die energische Intervention des Vaters brachte Sarah wieder eine Eins.

Ein Jahr später bekam Sarah einen Deutschlehrer, der ihr immer eine mündliche Drei gab. Das war ganz neu für sie, weil gerade Deutsch ihr bestes und liebstes Fach war und auch hier hatte sie immer eine Eins gehabt. Sie fand die Notengebung persönlich sehr unfair und weinte jedes Mal.

Es wurde so schlimm, dass Sarah sich weigerte, weiter den Deutschunterricht zu besuchen, später wollte sie gar nicht mehr in diese Schule gehen. Ihr Vater beschloss, nachzuhaken, da er bereits von einer ähnlichen Geschichte mit einem anderen ausländischem Kind gehört hatte, das deswegen sogar die Schule wechseln musste. Er bat den Lehrer um ein Gespräch.

Bei diesem Gespräch sagte der Lehrer zu Beginn sehr freundlich und süffisant, dass er finde, Sarah mache das für ein ausländisches Mädchen toll in Deutsch und mit einer Drei könne sie doch wirklich glücklich sein. Ob der Vater denn nicht wisse, dass die meisten nicht-Muttersprachler es viel schwerer haben? Sie schneiden viel schlechter ab. Sarah mache sich schriftlich gut, sie würde insgesamt ganz sicher die Note Zwei bekommen. Dann erklärte er, er gehe davon aus, dass sie mündlich nicht besser abschneide, weil zu Hause wahrscheinlich kein Deutsch gesprochen würde. Das verstehe er gut und da mache er auch keine Vorwürfe. Kinder können mehrsprachig aufwachsen. Sie solle einfach mehr Kontakte zu deutschen Kindern bekommen, mehr mit ihnen sprechen und dann würde schon alles gut werden.

Der Vater blieb cool und sachlich und sagte, er wolle nur wissen, nach welchen Kriterien die mündlichen Noten gegeben würden, damit sie ihrer Tochter zu Hause besser helfen können, damit sie sich verbessere. Dann fügte er hinzu, dass er gerne wissen würde, aufgrund welcher Merkmale der Lehrer entschieden habe, Sarah als „ausländischer Herkunft" einzustufen? Es fehlte dem Lehrer offensichtlich eine gute Erklärung, da er Zeit brauchte, bis er lediglich antwortete: „Sie beteiligt sich während des Unterrichts mündlich nicht aktiv."

Daraufhin war der Vater sauer auf seine Tochter, die sich anscheinend tatsächlich nicht genug anstrengte. Auf afrikanische Art holte er auf der Stelle seiner Tochter zu dem Gespräch hinzu und schimpfte mit ihr. Sarah wurde ebenfalls wütend und sagte: „Aber Papa, ich hebe meine Hand immer und immer. Er nimmt mich nie dran. Manchmal wusste niemand die Antwort, außer mir, aber meine Hand blieb in der Luft hängen und irgendwann habe ich meine Hand halt nicht mehr gehoben."

Offensichtlich stimmte das, was Sarah sagte, da der Lehrer nichts mehr dazu sagen wollte.

Der Afrikaner sagte: „Meine Tochter öfter dranzunehmen wäre eine Möglichkeit gewesen zu überprüfen, ob das Kind Muttersprachlerin ist oder nicht. Nur weil das Kind gemischt ist, haben Sie das Wissen und Können dieses Kindes auf sein Aussehen reduziert und ihm eine Note gegeben, die zu einer Nichtmuttersprachlerin passen würde. Dass Sie damit als Erzieher dem Kind psychischen Schaden zufügen, ist ihnen egal. Es geht mir nicht um die Note, es geht darum, diesem kleinen Mädchen nicht das Gefühl von Ungerechtigkeit zu vermitteln."

Da der Lehrer nicht einsichtig war, wandte der Vater sich daraufhin an den Direktor. Als der Lehrer nun hörte, dass das Mädchen bei ihrer deutschen Mutter, getrennt vom Vater, lebte und sie zu Hause deutsch und nicht „afrikanisch" redeten, entschuldigte er sich. Ohne sich wirklich zu schämen sagte er anklagend zu dem Afrikaner: „Warum haben Sie mir das denn nicht gleich gesagt?" Ab da bekam Sarah zwar wieder die Note Eins, wie sie sie es verdiente, aber ihre Hand hing leider immer öfter umsonst in der Luft.

Diese Situationen hatten ihr so zugesetzt, dass sie am Ende des Schuljahres die katholische Elite-Schule verließ. Sie war fertig, hatte keine Lust mehr zu lernen, weinte und sagte zu ihrem Vater: „Ich habe den Eindruck, dass ich Leute nerve, weil ich gut bin." Sie war frustriert und sehr unglücklich.

Wir lesen auch von Lehrern, die ihre Schüler/innen sexuell belästigen. Das sind zwar sehr wenige Fälle, aber es gibt sie trotzdem und sie belasten Kinder, die davon betroffen sind sehr.

Gewalt von Kindern an Kindern, Mobbing in der Schule

Ganz hart für Kinder ist es, wenn sie in der Schule von anderen Kindern fertiggemacht werden. Körperliche, seelische, sexuelle Gewalt von Kindern gegen Kinder nimmt drastisch zu. Kinder, die gemobbt werden, sind anfällig für Ängste, Depressionen, psychosomatische Beschwerden, Essstörungen und vieles mehr.

Sport und Freizeitaktivitäten können krank machen: Leistungsdruck, hohe Erwartungen, wenig Wertschätzung, unfaire Behandlung und Diskriminierung überfordern Kinder – Trainer/Betreuer können Kinder kaputt machen

Sport und Freizeitaktivitäten sind sehr wichtig für eine gesunde Entwicklung der Kinder, sei es körperlich oder seelisch. Mit Sport kann man sogar Krankheit heilen und viele Therapieformen nutzen den Sport. Aber es stecken auch viele Gefahren darin, die unsere Kinder unglücklich machen können.

Zum Beispiel kann der Druck, der in bestimmten Sportarten herrscht, sehr schnell Essstörungen wie Bulimie oder Magersucht bei Kindern vorantreiben. Dies sind Sportarten, wo zum Beispiel geringes Körpergewicht hilft, wie Turnen, Ballett, Eiskunstlauf, Radsport, Leichtathletik usw.

Leistungsdruck im Sport haben die Kinder, wenn es alles nur ums Gewinnen geht, wenn Wertschätzung und Liebesbeweise von Ergebnissen abhängen, wenn viel Konkurrenz herrscht und mehrere Belastungen auf einmal auftreten, zum Beispiel Schule, Freizeit und Freunde unter einen Hut zu bringen. Zu hohe Erwartungen, unfaire Behandlung der Betreuer, wenn sie zum Beispiel andere Kinder bevorzugen, ständig kritisieren und die Kinder bei geringen Fehlern schon ins Abseits stellen, oder auch finanzielle Belastungen in der Familien und Mobbing im Team können Druck erzeugen.

Die Konsequenzen dieses Drucks können nicht nur psychische Beschwerden sein, sondern auch die körperliche. Ich kenne Kinder, die sich verletzt haben, aus Angst, am Samstag zu spielen. Sie haben so viel Angst, etwas falsch zu machen oder kritisiert zu werden, dass ihr Körper versagt.

Es ist umso wichtiger diesen Bereich, die Sport und Freizeitaktivitäten im Leben unserer Kinder, zu betrachten, weil er fremdbestimmt ist. Es sind die Trainer, Betreuer und Mitspieler, die einen großen Einfluss auf unsere Kinder haben. Diese Einflüsse passieren, wenn wir selbst nicht dabei sind und wir müssen oft einfach auf unsere Intuition vertrauen, weil Kinder ungern darüber reden, was ihnen der Trainer oder der Mitspieler gesagt oder getan hat.

Wie Trainerverhalten im Sport ein Kind zerstören kann, erzähle ich mit der Geschichte meines eigenen Sohnes – es ist schockierend, aber es ist die Realität

Schwere und negative Erfahrungen meines Sohnes: Wie Leistungsdruck und Trainerverhalten im Fußball im frühen Alter und unsere falschen Handlungen die Fußballkarriere unseres Sohnes und unseren Sohn selbst beinahe zerstört hätten – eine Geschichte, die zum Nachdenken anregt

Bei meinem eigenen Sohn sah ich, wie Druck im Sport und unpädagogische Trainer ein Kind zerstören können, ohne dass die Eltern etwas tun können.

Mein Sohn war fußballbegeistert und talentiert. Er liebte Fußball und spielte sehr gerne. Alles ging gut, bis er mit acht ein Angebot eines großen Vereins aus der Region bekam. Wir, meine damalige Frau und ich, waren glücklich für ihn, da es eine Anerkennung seiner Leistungen war, aber wir hatten ein bisschen Sorge, weil er woanders spielen würde, wo alles neu war. Wir waren aber ruhig und gelassen und machten kein Problem daraus. Wir sagten dem Trainer des anderen Vereins, dass wir es uns überlegen und uns melden würden.

Es war auch Zeit, seinen jetzigen Trainer über das Abwerben seines besten Spielers in der Mannschaft zu informieren. Ab da fingen die Probleme an. Seine Reaktion war unprofessionell und unpädagogisch. Vor uns tat er so, als ob er sich freuen würde, zumal auch in der lokalen Presse darüber berichtet wurde. Er schien stolz zu sein und überzeugte uns sogar, dass es zum Wohl des Kindes besser wäre, wenn es noch ein Jahr in seiner Mannschaft spielte und erst in der nächsten Saison zu der großen Mannschaft ginge. Meine Frau fand die Idee gut, ich weniger. Ich traute ihm nicht so recht und es wäre mir am liebsten gewesen, wenn unser Sohn sofort gegangen wäre. Um ihn zu schützen, einigten wir uns jedoch so, dass er zur nächsten Saison.

Im Nachhinein war diese Entscheidung ein großer Fehler gewesen. Was wie eine gute Idee seines damaligen Trainers erschien war, war tatsächlich ein perfides Spiel. Das haben wir erst im Laufe der Saison gemerkt. Eines Tages kam unser Sohn nach Haus und erzählte uns Unglaubliches.

Der Trainer hätte ihm vor versammelter Mannschaft Druck gemacht: er solle nicht gehen, so etwas würde man nicht machen, er könne seine Mannschaft nicht im Stich lassen, die Mannschaft würde auf ihn zählen, dies wäre ein Vertrauensbruch, ein Betrug der Mannschaft usw. Und er solle uns, seinen Eltern, sagen, dass er nicht wechseln will und wenn er doch unbedingt gehen wolle, dann müsse er jetzt sofort gehen (er wusste genau, dass die Wechselzeit vorbei war). Er würde in diesem Fall nicht mehr auf ihn zählen, und er würde nicht mehr weiter spielen. Als wir das hörten waren wir fassungslos, wir konnten nicht glauben, dass jemand, der selbst Kinder hat und dessen Sohn auch in der Mannschaft mitspielte, so etwas tun konnte. Wir konfrontierten ihn mit dieser Aussage und waren tieftraurig darüber, da wir sogar mit ihm vereinbart hatten, während der ganzen Saison nicht über dieses Thema zu reden. Er entschuldigte sich bzw. tat er so, als ob er sich entschuldigte. Aber sein böses Spiel fing gerade erst an.

Das nächste Mal kam der Sohn nach Hause und erzählte uns, dass der Trainer gesagt hätte, er (mein Sohn) wäre nur durch Glück von der anderen Mannschaft ausgesucht worden, er wäre gar nicht so gut, wie man denken würde.

Nun ging das Mobbing gegen unseren Sohn erst richtig los und leider reagierten wir zu spät. Während der ganzen Saison versuchte der Trainer mit allen Mitteln das Selbstvertrauen des Jungen zu zerstören. Er schrie ihn ständig an, kritisierte ihn bei Spielen nur noch, ließ ihn auf Positionen spielen, auf denen er nie gespielt hatte, damit er Fehler machte. Auf der Position, auf der er seit Jahren spielte, wo er so gut spielte, dass die Presse ständig darüber schrieb, da wo er die Aufmerksamkeit auf sich gezogen hatte, durfte er nicht mehr spielen. Mein Sohn war damals der Motor der Mannschaft und mischte sehr gut vorne und hinten mit. Nun durfte er nur noch hinten bleiben, bei der ersten Bewegung nach vorne wurde er laut angeschrien.

Unser Sohn war nach einem Spiel oft so fertig, dass er nur noch weinte. Er wurde immer schlechter, sein Selbstvertrauen ging den Bach runter und irgendwann war es uns zu viel. Wir sprachen mit dem Trainer der großen Mannschaft darüber, und er sagte uns, dass unser Sohn sofort kommen könne. Er würde keine offiziellen Spiele mitspielen, da man voll in der Saison sei, aber er könne mittrainieren und Freundschaftsspiele mitspielen und so würde er wieder an Selbstvertrauen gewinnen. Wir stimmten dem sofort zu, aber leider ein bisschen zu spät, wie die Ereignisse der Zukunft zeigen werden. Von heute auf morgen ging unser Sohn nicht mehr zu seiner Mannschaft und zum ersten Mal in der Saison hatte das Kind wieder Lust auf Fußball. Er war so glücklich, dass er dort weg war.

Im Nachhinein haben wir gehört, dass der alte Trainer, damals als wir mit ihm über das Angebot gesprochen hatten, überall erzählt hätte, dass er alles tun würde, damit unser Sohn in nächster Saison so schlecht wäre, dass die andere Mannschaft ihn nicht mehr wollen würde. Ob das stimmt oder nicht, wissen wir nicht. Was er meinem Sohn als Verrat dargestellt hatte, nämlich die Mannschaft zu wechseln, war auf einmal kein Verrat mehr, als er versuchte seinen eigenen Sohn in der nächsten Saison ebenfalls zu der neuen Mannschaft meines Sohnes zu bringen. Leider antwortet ihm der Trainer dort, sein Sohn wäre dafür nicht gut genug. Jeder kann sich nun denken, warum er sich so verhalten hat.

Es ist aber eine Tatsache, dass das, was er in einigen Monaten unserem Sohn angetan hatte, die Gefühle und die Spielweise meines Sohnes bis heute beherrscht. So kann man ein Kind zum Scheitern programmieren. Wir mussten sehr, sehr hart arbeiten, um unserem Sohn diese Erfahrung aus dem Kopf zu nehmen.

Das war aber noch nicht alles. In der neuen Mannschaft lief alles gut, er wurde schnell integriert und gewann viele seiner Qualitäten wieder zurück, aber seine Spielweise, die der andere Trainer kaputtgemacht hatte, fand er nie mehr wieder. Wir hätten anders handeln müssen, aber damals wussten wir nicht wie. Wir dachten einfach, der Wechsel reicht und alles wird wieder okay. Er zählte auch sehr schnell zu den Leistungsträgern in der neuen Mannschaft, wurde Stammspieler, aber die Sache mit dem alten Trainer war doch ein bisschen in seinem Kopf geblieben. In der neuen Mannschaft versammelten sich die Besten der Besten der Region. Das heißt, die Konkurrenz war schon mit neun Jahren sehr hoch, aber er setzte sich immer durch und der Trainer hatte Vertrauen in ihn. Dann kam eine Zeit, in der die Leistungen schwankten und Verletzungen dazu kamen. Eine schwierige Zeit für ein Kind, wenn es einen Trainer hat, der nur auf volle Leistungen und Ergebnisse steht. Nichts anderes soll existieren außer Fußball. Der Druck war maximal für die Kinder und die Eltern. Einige begabte Kinder gaben einfach auf, weil sie psychisch nicht mehr mithalten konnten. Unser Sohn fing an, seine Fingernägel zu kauen, und auf einmal hatte er Problem mit dem Atmen. Er, der früher ohne Pause gerannt war, ohne müde zu werden, konnte nun nach einem Sprint keine Kraft mehr mobilisieren. Er erlebte sehr schwierige Momente während seiner Verletzungen, in denen er von seinem Trainer null Unterstützung bekam. Er war zweimal schwer verletzt, einmal musste er vier Monaten pausieren und das zweite Mal sogar sechs Monate. Nicht einmal rief der Trainer an, um zu fragen, wie es ihm ginge, oder dass er sich freue, wenn er wieder da sei. Irgendein motivierendes Wort, wie es sogar Trainer von Profispielern machen. Er war doch noch ein Kind, er war erst 12 (zum Vergleich: mein Sohn spielt heute aktiv in Amerika, wo er auch studiert. Nur zwei Monaten nach dem Start in der Mannschaft zog er sich eine Knieverletzung zu. Aber der Trainer redete viel mit ihm, motivierte ihn und gerade in dieser Phase sagte er ihm „die Mannschaft braucht dich, wir freuen uns, wenn du wieder kommst und ich überlege, dich sogar als Kapitän einzusetzen" diese Worte motivierten meinen Sohn sehr und machten ihm Druck, aber positiven Druck, da er sich richtig darauf freute).

Auf jeden Fall schaffte er es nach seinen Verletzungen nie mehr richtig, in die Mannschaft zurückzukommen. Aber das war nicht seine große Sorge. Sein Problem war eher, dass er den Eindruck hatte, sein Trainer würde ihn bestrafen, weil er verletzt war oder weil er ihn nicht mögen würde. Stimmt mit 100% Sicherheit nicht, da ich den Trainer kenne.

Aber da er sogar bei diesem Alter nur Augen und Achtung für die Leistungen der Kinder hatte, hatte man den Eindruck, nichts anderes im Leben der Kinder sei ihm wichtig. Krank sein durftest du nicht! Nicht zum Training kommen, weil du mit der Schule einen Ausflug hast? No way. Das Gefühl war wirklich so, dass die Kinder keinen Fehler machen durften, immer Leistung bringen mussten und bald konnten Kinder nicht mehr richtig. Wir Eltern bemerkten das nicht. Ich sah zwar, dass mein Sohn darunter litt und versuchte auch ihm zu helfen, aber heute würde ich es anders machen. Damals war meine Hilfe ungeeignet.

Erst mit 19 gab er mir gegenüber zu, dass er keine Lust mehr hätte Fußball zu spielen. Dass er zwei Tage vor einem Spiel nicht mehr schlafen könne und nur Alpträume hätte. Er betete dann die ganze Zeit, dass das Spiel ausfiele. Damals – mit 11 bis 14 – hatten wir das nicht richtig mitbekommen, dass er so unter Druck war. Ich wusste, dass sein Selbstvertrauen down war und versuchte, ihn immer aufzubauen. Er hätte etwas anderes gebraucht als das, was wir ihm gaben, aber wir wussten es nicht.

Nach der zweiten Verletzungen (die der Grund war, warum er das Gefühl hatte, dass der Trainer sauer auf ihm wäre, weil er so lange verletzt war), die mehr als 6 Monaten dauerte, bekam er vom Trainer null Beachtung, als er zurück zur Mannschaft kam. Nicht einmal ein „wie geht es dir?" gab es. Keine Begrüßung, nur eine totale Gleichgültigkeit. Er war Ende 13 oder 14. Es war für meinen Sohn eine sehr schwierige Situation, da er beinahe keinen Fußball oder Sport allgemein mehr gemacht hatte. Die Verletzung in der Leiste war fies gewesen. Wir waren bei fast allen Sportmedizinern in der

Region und umliegenden Städten gewesen. Man wusste nicht, was los war.

Man kann sich vorstellen, wie das für ihn war und welche Freude er nun hatte, als die Schmerzen weg waren und er zu seiner Mannschaft zurückkehrte. Er kam gegen Ende der Saison zurück und bekam keine Chance mehr, bei einem Punktspiel eingesetzt zu werden. Das fand ich okay, aber mein Sohn fand es nicht mehr okay, als es nach der Saison belanglose Spiele und Turniere gab, bei denen er ebenfalls nicht mitspielen durfte. Er wollte spielen, um seine Kondition und Spielpraxis wieder zu sammeln, aber bekam keine Gelegenheit, obwohl jeder im Training sagte, dass er nach seiner Verletzung noch viel besser geworden wäre.

Noch schlimmer war es dann, als sie im Urlaub mit der ganzen Mannschaft nach Italien fuhren und dort in Freundschaftsspielen zum Spaß gegen andere Mannschaften spielten. Alle Spieler wurden eingesetzt, bis auf meinen Sohn. Sie spielten mehrere Spiele und nicht eine Sekunde durfte mein Sohn auf den Platz und bis heute wissen wir nicht warum. Andere Eltern riefen uns an, um zu fragen, was los sei. Ob der Sohn mit dem Trainer Problem hätte? Aber wir hatten null Probleme mit dem Trainer, mit dem ich mich bis heute gut verstehe. Und der Junge hat ihm gehorcht. Er allein weiß, warum er das getan hat.

Wir verzichteten darauf, mit dem Trainer zu reden, da er nach der Saison die Jungs nicht mehr trainieren würde. Aber die Situation war für meinen Sohn sehr, sehr schwer und belastend. Er fühlte sich erniedrigt und ignoriert. Aber da waren wir schon besser darauf vorbereitet und reagierten glaube ich besser.

Mein Sohn wurde wie alle Kinder, deren Eltern sich schriftlich über die Methoden des Trainers beschwert hatten, in die B2-Mannschaft der U15 des Vereins geschickt, anstatt wie erwartet in die B1. Für die B1 unter neuen Trainern, wurden lieber Spieler woanders geholt. Er war ganz klar eine Strafe. Das war fußballerisch ein Rückstritt, aber als wir den neuen Trainer der B2 kennenlernten wussten wir, dass es ein großer Fortschritt für unseren Sohn sein würde.

Der neue Trainer war menschlich, konnte mit Kindern umgehen, und so machte er aus der Mannschaft eine erfolgreiche Familie. Es machte wieder Spaß Fußball zu schauen. Es war allen Eltern egal, ob die Kinder gegen eine C oder noch schwächere Mannschaft spielten. Es war einfach schön, dass die Kinder wieder locker waren und viel miteinander machten. Der Trainer variierte die Trainings, mal war das Training im Schwimmbad, mal grillte man einfach oder schaute zusammen ein Fußballspiel. Dieser Verein erlebte eine der erfolgreichsten B2- Mannschaften seiner Geschichte.

Leider mussten die Kinder nach einem Jahr entweder gehen, oder in die B1 Mannschaft aufsteigen. Der Jugendleiter bestand nach unserer Information darauf, dass Spieler der B2 in die B1 aufgenommen werden müssen. Die Trainer der B1 Mannschaft, die die Mannschaft schon das Jahr davor betreut hatten, waren sehr jung und es fehlte ihnen das Gefühl für Kinderpädagogik. Sie wollten die Verbannten lieber nicht aufnehmen, mussten es aber tun. Deswegen erfanden sie eine erniedrigende Prozedur für diese Spieler, die seit fünf Jahren für den Verein spielten und gut bekannt waren. Es hieß nun, sie müssten ein Probetraining bei der B1 absolvieren, wie fremde Spieler. Wie? Probetraining? Ja, sagte mein Sohn und ich sah ihm schon an, dass er keine Lust drauf hatte, sich billig zu verkaufen. Er meinte nur „Papa, sie kennen mich doch seit 5 Jahren!"

Die Trainer luden immer einen Spieler zum Probetraining. Mein Sohn war auf der Liste, aber wann er an der Reihe sein würde wussten wir nicht. Er wäre doch so einfach gewesen, einen Kalender auszuhängen und jedem mitzuteilen, wann er an der Reihe sein würde. Nein, das war wieder eine Druckmethode auf die Kinder. Eine Methode der Machtdemonstration, der Demütigung. Die Kinder sollten Angst haben, Zweifel haben, lange warten und immer am Telefon bleiben, um den ersehnten Anruf nicht zu verpassen, während die Frist, sich bei anderen Mannschaft anzumelden, immer näher kam.

Ich rief einen der Trainer an und fragte ihn, wann mein Sohn an der Reihe wäre und er antworte mir, bald noch in dieser Woche. Ich sagte ihm dann, was ich die ganze Zeit von dieser Methode gehalten hatte, und dass es unpädagogisch wäre und man so nicht mit Kindern umgehen würde. Ich sagte ihm, dass, würde meinen Sohn mich fragen, ich ihm raten würde, nicht unter ihnen zu spielen. So könne man keinen Erfolg haben.

Er fragte mich dann: „Meinst du wir brauchen deinen Sohn also nicht mehr zum Probetraining einzuladen? Ich glaube, dass er Chancen hätte aufgenommen zu werden." Ich antworte: „Probetraining? Er spielt seit fünf Jahren im gleichen

Verein, seinen Leistungsspiegel kennt ihr, ihr habt ihn schon mehrmals spielen sehen. Es ist nicht normal, dass die Kinder ein Probetraining machen müssen, wie neue Spieler, die von woanders kommen. Ich bin ziemlich sicher, dass mein Sohn zu stolz und zu gut ist für dieses Probetraining. Danke für die Einladung. Entscheiden werde ich sowieso nicht, er ist 15 und wird selbst entscheiden, aber ich gehe davon aus, dass er eure Einladung dankend ablehnen wird."

Er war sichtlich schockiert. Er hatte das nicht erwartet. Er hatte erwartet, dass ich ihn anbetteln und um Kulanz bitten würde, weil er wusste, dass die Kinder alles tun, um zu diesem Top-Verein zu kommen. Ich war aber froh, dass ich meinem Sohn seine Würde zurückgegeben hatte, und er den Verein doch als Gewinner verließ. Als derjenige, der nicht mehr wollte. Als ich meinem Sohn von dem Gespräch erzählte, war er so glücklich, so stolz, dass er überall damit angab. Das tat seinem Selbstwertgefühl sehr gut, zumal alle seine Freunde, die nach dem Probetraining aufgenommen worden waren, unter diesen Trainern weiter gedemütigt wurden. Es war für mich wie eine Revanche für meine falsche Reaktionen von früher, als ich ihn besser hätte schützen sollten, aber nicht gewusst hatte wie.

Er wechselte dann den Verein und endlich entfaltete er sich. Meine Ex-Frau und ich unterstützten ihn nun richtig. Wir haben aus unseren Fehlern gelernt und wussten nun genau, wie wir reagieren würden, wenn etwas ähnliches noch einmal passierte. Ich fuhr ihn zwar immer noch zum Training, zog mich aber allmählich zurück und ging nur noch gelegentlich zu seinen Spielen, damit er tat, was er wollte, wie er es wollte. Aber Interesse zeigte ich weiter, da er mich nach jedem Spiel anrief und wir darüber redeten. Aber nur noch loben? Nein, ich bin nicht der Vater, der bei allem nur „gut" sagt und gar keinen Druck ausübt. Ich wurde nun positiver kritisch.

Endlich fand er wieder richtig Spaß am Fußball mit Trainern, die einfach wussten, dass Kinder Kinder sind. Solche unschönen Erfahrungen erlebte er nie mehr, bzw. konnte sie mit unserer Hilfe immer sofort abwehren, bevor sie zu groß wurden. In jeder Fußballklasse U17, U19, Hessenliga usw. musste er immer hart kämpfen und auch Druck spüren. Er musste sich immer durchsetzen. Nichts wurde ihm geschenkt, aber er war frei, er war glücklich und sein Selbstvertrauen kam wieder. Er wurde immer besser und wurde immer bekannter und anerkannter. Wäre es nicht sein Wunsch gewesen, zuerst zu studieren und dann vielleicht Profi zu werden, wäre er heute viel weiter. Diese Anerkennung seines Könnens hat ihn nun nach Amerika gebracht, wo er als Leistungsträger weiter Fußball spielt und dabei studiert. Heute liebt er diesen Sport wieder abgöttisch, der ihn fast zerstört hätte, auch wenn es schwer ist, ihn mit dem Studium eines so schwierigen Faches wie Maschinenbau zu kombinieren. Aber er ist bis jetzt erstaunlich erfolgreich, weil er glücklich ist.

Erst jetzt in Amerika hat er die Folgen der Behandlung durch seinen ersten Trainer endgültig überwunden und spielt wieder so, wie er als Achtjähriger gespielt hatte. Es war ein langer Weg!

Mit diesem Beispiel, das tausende von Kindern in allen Sportarten erleben, will ich zeigen, wie unkontrollierter Leistungsdruck (wie beim zweiten Trainer des großen Vereins) und schlechte Betreuer (wie der erste Trainer) Kinder kaputtmachen können.

Der Sport braucht mehr Pädagogen und Kinderpsychologen. Sie müssen schon sehr früh eingebunden werden, bzw. die Trainer und Jugendbetreuer müssen sich ständig in diesem Gebiet weiterbilden und lernen, wie man mit Kindern umgehen muss.

Mangel an Glauben: Ein Kind ohne Glauben ist im Erwachsenenalter ein gefundenes Fressen der Psychologen und Esoteriker

Der Glaube an irgendetwas Geistliches ist sehr wichtig, da der Glaube Kindern Halt und Sicherheit gibt. Ich meine hier nicht unbedingt den Glauben an Gott, obwohl dieser das Beste für die Kinder wäre, ich meine hier Glaube im allgemeineren Sinne.

Ich finde, der Glaube ist ein sehr wichtiges Element, eine nützliche Kraft im Leben. Wenn man eine feste innere Stabilität haben möchte, ohne Furcht leben will, wenn man keine Angst vor der Angst, keine Sorge vor der Sorge haben möchte, ist der Glaube an irgendetwas unabdingbar. Dazu gehört auch der Glaube an sich selbst. Ohne Glauben ist auch ein starkes Selbstvertrauen schwierig zu erlangen. Was für Erwachsene gilt, gilt auch für Kinder.

Kinder kommen schutzlos auf die Welt und müssen einfach daran glauben und darauf vertrauen, dass alles hier auf dieser neuen Welt so geregelt ist, dass es ihnen gutgehen wird. Sie haben einen Urglauben, der ihnen Sicherheit gibt. Sie können nichts mit Begriffen und Rationalität erklären. Sie verstehen viel mit Bildern und Gefühlen und Wahrnehmungen. Aber ihr Gespür dafür, was gut und was schlecht ist, dafür, was Wahrheit ist, ist sehr entwickelt.

Wenn wir ihnen diesen Glauben nicht bestätigen, bekommen sie Angst und fühlen sich unsicher. Kinder brauchen den Glauben für eine gesunde Entwicklung.

Manche Beispiele zeigen uns, wie der Glaube an etwas Kindern guttut.

Kinder glauben an den Osterhasen. An den Nikolaus, an den Weihnachtsmann, an die Zahnfee und es tut ihnen gut zu wissen, dass es sie gibt und dass sie ihnen Gutes bringen. Das gibt ihnen Hoffnung, motiviert sie bei bestimmten Anlässen, gibt ihnen Freude. Wir sehen, wie eifrig sie ihre Schuhe selbst putzen, wenn der Nikolaus kommt.

Sie glauben an die Stofftiere, die mit in ihrem Bett schlafen und ihnen ein Gefühl von Sicherheit und Schutz geben.

Die ersten Personen, an die Kinder glauben, sind wir, die Eltern. Sie glauben an alles, was von uns kommt und sie fühlen sich so in Sicherheit. Das gibt ihnen Kraft und ein Schutzgefühl.

Wir haben alle mit unseren Kindern bestimmte Rituale, die ähnlich wie religiöse Rituale sind. Immer um die fast gleiche Uhrzeit zusammen essen. Unsere Gute-Nacht-Geschichten und Schlaflieder sind ähnlich wie Gebete. Dadurch beruhigen sich die Kinder und verabschieden sich vom Tag. Die Kinder fühlen sich sicher, gelassen und können in Ruhe einschlafen.

Wir sehen daran, dass Kinder sehr offen und gut mit Ritualen und Gewohnheiten, die mit dem Glauben zu tun haben, umgehen.

Es ist wichtig, den Kindern einen Glauben zu geben, um sie zu stärken.

Der Mangel an Glauben macht schwach und kultiviert Angst, Sorge und Zweifel.

Ich nehme als Beispiel den Glauben an Gott, weil er alle Eigenschaften besitzt, die die Seele und die Fantasiewelt der Kinder am meisten ansprechen.

Ich wurde als Kind nicht religiös (d.h. ich musste nicht jeden Tag, zu jedem Anlass beten, musste nicht jeden Sonntag zur Kirche), aber christlich erzogen und man lehrte mich sehr früh an Gott zu glauben. Meine Eltern erzählten mir vom Glauben an Gott auf praktische, helfende Art. Sie erklärten mir wer Jesus war, was er getan hatte und was Gott für mich tun könne. Ich verliebte mich schon sehr früh in Gott, weil ich wusste, dass er immer für mich da sein würde. Mein Vater sagte mir schon als Kleinkind immer: „Wenn du traurig bist, wenn du Angst hast, deine Mama und dein Papa nicht da sind, wende dich an Gott, und sofort wird er kommen und dich schützen. Deine Mama und ich würden dich, egal was passiert, sofort schützen, damit dir nichts passiert. Wenn eine riesige Schlange (in Afrika haben wir mehr Angst vor Schlangen als vor Löwen) sich in deine Nähe verirrt, wenn wir dabei sind, brauchst du keine Angst zu haben. Ich würde mich vor sie werfen, damit du nicht gebissen wirst. Nun stelle dir einmal Gott vor! Ich habe dir gesagt, Gott ist viel, viel stärker als ich. Gott wird es sogar so machen, dass die Schlange gar nicht erst den Weg zu dir findet, da er sieht, was ich nicht sehe. Und dazu liebt Gott Kinder wie dich sehr. Deswegen: wenn du sagst „Gott komm, ich habe Angst, Papa und Mama sind nicht da," dann kommt er sofort und du hast keine Angst mehr."

Ich fragte ihn einmal: „Wie bekommt er dann die Angst weg, Papa?" Er antwortete mir: „Indem du einfach keine Angst mehr hast. Du spürst nur, wie du stark und mutig wirst. Da du weißt, dass er immer für dich da ist und dich beschützt, reicht es wenn du ihn rufst, um die Angst sofort zu verjagen. Im Moment, wo du denkst *Gott ich habe keine Angst mehr, weil du da bist*, brauchst du keine Angst mehr zu haben. Auch wenn die Angst da bleibt, macht sie dir keine Angst mehr, denn du weißt, dass Gott gekommen ist und unsichtbar neben dich steht und wacht. Du fühlst, dass es dir gutgeht. Deswegen handle immer so, dass es dir gutgeht, dann war Gott da und hat dich geschützt."

Ich fragte noch einmal: „Heißt das, wenn ich Angst habe und traurig bin, muss ich Gott rufen, dass er kommt? Und ich muss keine Angst mehr haben, weil ich weiß, dass er gekommen ist, auch wenn ich ihn nicht sehe?"

Er antwortete: „Ja, mein Sohn, weil Gott dich liebt. Wenn Gott mit dir ist, kann niemand dich besiegen. Du bist immer der Sieger, auch wenn du verlierst. Schau mal, wenn ich vor dir stehe, kann jemand dich schlagen?"

Ich sagte: „Niemals Papa, du bist der stärkste Mann der Welt."

Er sagte: „Siehst du, du hast das Gefühl, bzw. du weißt, dass dir nichts passieren kann, weil ich da bin. Das ist so, weil du an mich glaubst. Schauen wir nun auf Gott, der noch Millionen Mal stärker ist als ich. Wenn du hinter ihm stehst, kann dir auch die größte Boa der Welt nichts antun."

Solche Geschichten gingen mir nie mehr aus dem Kopf. Ich beschäftigte mich ständig damit. Und wirklich das wirkte.

Mein Vater holte aus der Bibel immer Geschichten hervor, die dazu führen sollten, dass wir Kinder keine Angst hatten, uns keine Sorgen machen mussten, und immer wussten, dass Gott will, dass wir (persönlich) erfolgreich und glücklich sind. Gott will, dass man auch an sich selbst glaubt, wenn man an ihn glaubt, und das stärkte mein Selbstvertrauen und den Glauben an mich selbst. denn wer an sich glaubt, kann vieles, wovon er träumt erreichen.

Mein Vater fragte mich einmal: „Was träumst du Kind?" „Ich träume davon, Bücher zu schreiben, aber es ist so schwer," ich war 8 oder 9 und liebte es zu lesen und für mich war ein Buch etwas Unglaubliches, Großartiges. Wie konnte man so viel schreiben? Er sagte mir: „Glaube an dich, denn wenn du an Gott glaubst, glaubst du an dich und Gott sagt, wenn du an dich glaubst, kannst du alles schaffen, was dir guttut und den anderen nicht schadet. Wenn du Bücher schreiben willst, glaube dran, dass Gott es auch will, und dann wirst du Schriftsteller sein. Du glaubst an Gott doch, oder? Du wirst Bücher schreiben. Nein, ich sage dir schon jetzt, du bist einen Schriftsteller. So mag es Gott. Das ist das stärkste Zeichen dafür, dass du glaubst, dass du deinen Traum jetzt ansprichst."

Ich antwortete: „Ja."

Dann sagte er noch: „Sag ihm doch einfach *Gott ich möchte Schriftsteller werden, ich bin es schon und ich glaube an mich, wie du von uns Menschen verlangt hast.* Und du wirst es sein."

Ich war seitdem sicher, dass ich irgendwann Bücher schreiben würde, ich habe dran geglaubt und war fest überzeugt, dass Gott mich verstanden hatte, weil er Kinder liebt, wie der Weihnachtsmann, der mir jedes Jahr schöne Geschenke brachte. 37 Jahre später schrieb ich mein erstes Buch und wurde Autor. Es war gar nicht einfach. Denn niemand glaubte, dass ich Bücher auf Deutsch schreiben könnte. Ein Literaturagent, dem ich mein erstes Manuskript sandte, riet regelrecht ab davon. Er meinte, er würde seinen Job quittieren, wenn ein Verlag in Deutschland mein Buch verlegte und wenn ein Deutscher mein Buch läse. Ich sollte lieber auf Französisch schreiben und das Buch ins Deutsche übersetzen lassen.

Meine Kindheitserinnerungen kamen wieder hoch. Der Glaube an Gott gab mir Vertrauen und selbstbewusst schickte ich mein Manuskript an ein paar deutsche Verlage und prompt waren drei davon interessiert und einige Monate später hatte ich mein erstes Buch auf dem Markt. Ich sandte dem Agenten ein Exemplar. Er meldete sich nie wieder, aber seinen Job hat er bis heute nicht aufgegeben. Und heute bin ich selber Verleger deutscher Bücher. Das war nur möglich, weil ich wusste, dass Gott es will. Ich wusste es, weil ich an ihn glaube. Der Glaube an ihn gab mir den Glauben an mich. Alles was die anderen sagten war mir egal, denn Gott liebt mich und will das für mich, was mir gut tut und will, dass ich meine Ziele erreiche, damit ich glücklich bin.

Seit meiner Kindheit hatte ich immer das Gefühl, dass ich keine Angst haben brauchte. Dass ich einfach leben sollte und an mich glauben muss, weil ich an den glaube, der mich am meisten liebt, nämlich an Gott. Dieser Glaube, dass mir nichts passieren kann, wenn Gott bei mir ist, hilft mir schwierigste psychische und körperliche Krisen, die manche Menschen zum Selbstmord gebracht hätten, aus eigener Kraft unversehrt zu überstehen und weiter glücklich zu sein. In schwierigeren Zeiten meines Lebens habe ich vieles versucht, um Ruhe zu finden. Ich habe viele Wege ausprobiert, viele Methoden, aber letztendlich wurde nur der Glaube mein Retter. Ich wusste es doch. In schlimmsten Zeiten, wo ich von Menschen regelrecht abgeschoben wurde und nirgends Liebe fand, schaffte ich es ohne Psychologen aufzustehen, nur weil ich mich an das erinnerte, was mein Vater mir als Kind beigebracht hatte: wenn Gott mit dir ist, wirst du wieder glücklich. Ich sagte mir dann immer „Gott liebt mich, er liebt Kinder und auch Erwachsene" und dieser Glaube gab mir die nötige Geduld, Ausdauer und Gelassenheit zu warten, bis alles wieder gut wurde.

Dafür musste ich und muss auch jetzt nicht Anhänger einer religiösen Richtung sein und nicht jeden Tag zur Kirche gehen oder beten, denn ich glaube, dass der, der da oben ist, auch ohne ständiges Gebet zu mir steht. Ich muss nur mit ihm reden und ihm meine Schwierigkeiten erzählen und ihm meine Dankbarkeit zeigen, indem ich glücklich und fröhlich bin. "Wenn du an Gott glaubst, glaubst du an dich. Wenn du an Gott glaubst, zeige es ihm. Du zeigst es ihm indem du glücklich bist. Wenn du glücklich bist, liebst du. Du liebst dich und du liebst deinen Nächsten. Das ist die einzige Dankbarkeit, die er von dir erwartet. Er will nur, dass du glücklich bist, auch in schwierigen Zeiten, die im Leben eines Menschen nie fehlen," sagte mein Vater immer.

Es reicht nicht, die Kinder in die Kirche zu schicken und ihnen Passagen der Bibel vorzulesen, jeden Tag zu beten, ohne ihnen bewusst beizubringen, was sie daraus stark macht und warum.

Irgendwann im Leben jedes Menschen, ohne Ausnahme, kommt eine Zeit von Zweifel, Niederlage, Kummer. Zeit, in der man das Gefühl hat, es wird nicht mehr weitergehen. Die ganze Welt ist gegen einen. Mit dem Glauben übersteht man solche Perioden einfacher als mit Besuchen beim Psychologen. Es ist besser an einen Stein zu glauben als an nichts. Dieser Stein wird dir mehr helfen als jede Therapie der Welt.

Als ich für dieses Kapitel mit Menschen redete, fand ich auch da sehr schnell eine Verbindung zwischen mangelndem Glauben und Unzufriedenheit, Unglücklichsein und Mangel an Selbstliebe. Klar ist das nicht repräsentativ. Aber in meiner Studie stellte ich fest, dass die Mehrheit derjenigen, die größere seelische und körperliche Beschwerden, Zukunftsängste, wenig Selbstvertrauen, noch weniger Selbstliebe und viele Körperkomplexe hatten, die sich ständig Sorgen machten, die in ihrem Leben mindestens drei Therapien gemacht hatten und ständig Horoskope, Yoga, und weitere esoterische Handlungen durchführten, folgendes Verhalten der Eltern in der Kindheit erlebt hatten:

- entweder sie sind aktiv gegen den Glauben an Gott vorgegangen. In der Familie wurde immer aktiv davon geredet, dass es Gott nicht gibt, dass so etwas nicht existiert und man nur an sich glauben soll, an die Medizin und an die Errungenschaften der Menschen (Technik, Medizin, Psychologe, usw.).

- oder sie erzogen ihre Kinder zwar sehr religiös, Kirchengang jeden Sonntag, aber ohne, dass sie ihnen die nützlichen Inhalte beigebracht hätten. Es wurde zwar gebetet und jeden Sonntag in die Kirche gegangen, aber kaum drüber geredet, was und wie den Glauben stark macht. Diese Kinder, bzw. diese Erwachsenen hatten trotzt der Religiosität Störungen und Mankos, die mit dem mangelnden Glauben an Gott und an sich selbst zu tun hatten.

Diese Erkenntnisse zeigt meiner Meinung nach, wie der mangelnde Glaube, den Glauben an sich selbst zerstört und den Kindern das Gefühl gibt, in einer „bösen und gefährlichen" Welt allein auf sich gestellt und ohne Schutz verloren zu sein.

Um Diskussion zu vermeiden: ich habe den Glaube an Gott nur als ein Beispiel gewählt.

Vielen Eltern machen den Fehler, die Kinder so zu erziehen, dass sie stärker an sinnlose Sachen glauben (materielle Dinge, Erdsachen, Spaßsachen), die ihnen aber keine Energie, null Kraft, keine Sicherheit geben können, weil sie vergänglich sind, und somit viele Frustrationspotenziale in sich tragen. Wenn die Kinder dann vor einer Schwierigkeit stehen und merken, dass ihre PlayStation, ihre iPhone, das neue Auto, die letzte Reise nach New York ihnen nicht helfen können, dann fallen sie in ein Loch. Auch der kleinste Glaube, den sie an sich selbst hatten, verschwindet und sie rennen zu Psychologen und Esoteriker.

Vermittlung von Falschen Werten und Normen

Die Werte, die wir unseren Kindern vermitteln, bestimmen die Art und Weise, wie sie persönlich leben, wie sie mit uns umgehen und wie sie mit der Gesellschaft auskommen.

Werten und Normen sind notwendig, damit die Kinder sich gut und gesund entwickeln können. Sei erleichtern es morgen den Kindern, Situationen und Lebensaufgabe im privaten, wie im beruflichen Leben gut zu meistern. Werten helfen Ziele zu erreichen. Sie stärken unsere Selbstvertrauen, machen uns selbstbewusst und stark. Werte helfen den Kindern, eine Orientierung im Leben zu haben, Werte geben Kraft, Mut, Hoffnung und Motivation. Werte machen uns selbstbewusst und stärken unser Selbstvertrauen. Kinder, die ihre Werte nicht kennen oder schlechte Werte leben, werden sich oft verloren fühlen, orientierungslos, antriebslos, kraftlos, sie werden unglücklich sein. Ihr Handeln – und wie andere Menschen sie sehen – wird auch negativ sein, wie ihre Werte.

Wir Eltern sind die erste Autorität bei der Wertevermittlung. Was die Kinder von uns lernen und mitnehmen prägt ihre Persönlichkeit maßgeblich. Neben den Eltern werden Werte und Normen auch von Erziehern, Lehrern, Trainern, Pfarrern usw. vermittelt.

Ein zentraler und sehr wichtiger Punkt in der Erziehung ist die Frage, welche Normen und Werte wir Eltern unseren Kindern vermitteln wollen und auf welche Art und Weise wir dies tun möchten. Das bedeutet zu hinterfragen, welche Werten wir selbst zeigen und leben, da viele Werte von Kindern unbewusst übernommen werden, weil wir sie im Alltag vorleben.

Wenn die Werte positiv sind und die Kinder danach leben, werden sie gesünder, erfolgreicher und glücklicher. Beispiele für positiven Werte sind: Liebe, Gerechtigkeit, Glück, Höflichkeit, Humor, Intelligenz, Aufrichtigkeit, Karriere, Familie, Ehrlichkeit, Kinder, Kreativität, Liebe, Mut, Lebensfreude, Harmonie, Sauberkeit, Leistung, Lernen, Freiheit, Unabhängigkeit, Respekt, Nachhaltigkeit, Offenheit, Erfolg, Toleranz, Pünktlichkeit, Vertrauen, Zuverlässigkeit, Arbeit, Ausdauer, Fleiß, Schönheit, Hilfsbereitschaft, usw.

Wenn die Werte, nach denen die Kinder leben, aber negativ sind, besteht eine große Wahrscheinlichkeit, dass sie unglücklich sind und auch bleiben werden. Negative Werte sind zum Beispiel: Geiz, Zorn, Naivität, Faulheit, Unsauberkeit, Lüge, Verschlossenheit, Komplex, Abhängigkeit, Erniedrigung, Feigheit, Eifersucht, Armut, Besorgnis, Sorge, Angst, Brutalität, Dummheit, Einsamkeit, Schuldgefühle, Feindschaft, Frustration, Intoleranz, Mutlosigkeit, Rücksichtslosigkeit, Arroganz, Überheblichkeit, Unsicherheit, Unselbständigkeit, Jammerei, Unzufriedenheit, Verlogenheit, Unzuverlässigkeit, Wut, usw.

Wenn wir zu faul sind und unseren „Arsch" nicht bewegen, um das zu erledigen, was erledigt werden muss, programmieren wir unsere Kinder genauso zu sein wie wir. Es ist zum Beispiel kein Zufall, dass Kinder von Menschen, die nicht arbeiten wollen und nur zu Hause sitzen und faulenzen, sehr schnell die Schule verlassen und irgendwann auch nur zu

Hause rumhängen und keinen Antrieb finden, etwas Sinnvolles zu tun.

Eltern, die ständig zornig sind und dauernd vor den Kindern schreien, toben, wüten, schlagen (auch verbal), respektlos miteinander umgehen und die Kinder anschreien, programmieren ihre Kinder, genauso zu sein wie sie. Kinder solcher Eltern werden auch zornig, bald werden sie auch ihre Eltern anschreien und respektlos mit ihnen umgehen. Manche schlagen sogar zu. Manche Kinder werden diese Eigenschaften sogar nach außen transportieren und so auch mit der Gesellschafft umgehen.

Du wirst auch feststellen, dass Kinder, die immer schimpfen, bei jeder kleinen Schwierigkeit schon vor sich hin fluchen und die ganze Welt verdammen, Eltern haben, die auch so waren oder sind.

Wenn Kinder bereits negative Werte haben, haben sie automatische auch falsche Norme und umgekehrt.

Ich gebe hier ein Beispiel:

Die Kinder, die positive Werte haben werden zum großen Teil auch positive Normen leben:

Wert: Liebe -> Norm: „Liebe deinen nächsten wie dich selbst."

Wert: Freiheit -> Norm: „Niemand hast das Recht, dem Einen zu verbieten, das zu tun, was er will, solange dieser dem Nächsten nicht schadet." Oder auch: „Ich bestimme selbst über mich."

Wert: Leben -> Norm: „Du sollst nicht töten."

Wert: Glaube und Fleiß -> Norm: „Ich kann alles schaffen, was ich will und wofür ich hart und ehrlich arbeite."

Nun schauen wir negative Werte an und wie diese prägen, was Kinder als Normalität ansehen (von der „Norm" kommt ja auch das Wort „normal"):

Wert: Hass -> Norm: „Ich verprügele jeden, der mich ärgert."

Wert: Unfreiheit-> Norm: „Ich kann es nicht. Ich habe Angst." Oder auch: „Ich werde es mir mit Gewalt nehmen."

Wert: Einsamkeit -> Norm: „Ich hasse die Menschen, niemand liebt mich."

Wert: Faulheit -> Norm: „Ich habe keinen Bock und ich bin müde."

Es ist viel besser, die Werte vorzuleben, als nur darüber zu sprechen. Wenn Worte nicht zu unseren Handlungen passen, verwirren wir die Kinder, die irgendwann nicht mehr an uns glauben.

Viele Kinder, die es nicht schaffen, die unglücklich sind, die im Leben versagen sind so, weil sie negative Wertevorstellung beigebracht bekommen haben und diese auch weiter leben.

Unausgeglichene Verhältnisse und Rollenverteilungen in der Familie: Vermännlichung der Frau und Verweiblichung des Mannes: Wer ist Papa, wer ist Mama, wer macht was? Die Kapitulation der Väter und die immer einseitiger von Frauen dominierte Erziehung, Abschaffung der natürlichen Rolle der Mutter für die Kinder

Es ist eine Utopie zu glauben, wir könnten Kinder in einer geschlechtsneutralen Umgebung zu glücklichen und starken Menschen erziehen, wenn man in einer „Norm-Familie" lebt, mit einem Mann als Vater und einer Frau als Mutter. Es bringt die Kinder durcheinander, wenn sie nicht genau wissen, wer in der Familie wer ist.

Die moderne Gesellschaft hat die Rolle der Frauen und Männer grundlegend verändert. Vater und Mutter müssen sich neu sortieren und sich neu definieren. Alle Veränderungen können gut sein, aber sie sollten nicht dogmatisch sein. Es sollte kein Kampf sein. Es ist gut, jahrtausendealte Gewohnheiten der jetzigen Realität anzupassen und die Gleichstellung von Frauen und Männern voranzubringen. Aber Gleichstellung bedeutet nicht, dass es eine Gesellschaft gibt, in der Frauen keine Frauen und Männer keine Männer mehr sind. Der oder die eine muss sich nicht aufgeben und die Eigenschaften des oder der anderen übernehmen, um zu zeigen, dass man gleichberechtigt ist.

Jeder hat mit den von der Natur gegebenen Tatsachen eine wichtige Rolle zu spielen. Zum Beispiel hat eine Mutter, die ein Kind 9 Monaten in sich getragen und es unter Schmerzen geboren hat, selbstverständlich eine andere Bindung zu dem Kind als der Vater. Genauso haben die Kinder eine andere Bindung zu ihr als zum Vater, ohne dass man im Vergleichsmodus landen muss. Diese Blutsverbindung zwischen Mutter und Kind führt dazu, dass die Mutter für das Baby die erste Bezugsperson ist und daraus entsteht eine Liebe, die der Vater gar nicht fühlen kann, auch wenn er es begreift. Das ist eine natürliche Realität, und keine Theorie oder Ideologie der Welt kann dies widerlegen, nur um ein bestimmtes Ziel zu verfolgen.

Die Bindungen in der Familie entwickeln sich aber weiter, durch Einflüsse andere Faktoren, die am besten jede Familie für sich selbst definieren und in dieser Entwicklung können dann die Beziehungen des Kindes zu allen Familienmitgliedern, inklusive der Mutter, hin und her verschoben werden.

Allein diese Tatsachen sprechen dagegen, dass man Kinder neutral erzieht, als ob es keine Mutter und keine Vater gäbe.

Das ganze Problem liegt meiner Meinung nach weniger darin, dass der Mann auch kochen darf/muss und die Frau auch arbeiten darf/muss. Es liegt vielmehr darin, dass wir die Dinge dogmatisch und mit (Geschlechts-)Kampf ändern möchten und nicht durch Überzeugung unter Darstellung der positiven Auswirkungen der Veränderungen. Die Menschen werden nicht vorbereitet, es wird nur mit Druck verlangt neue Realität zu akzeptieren und mit parteiischen Studien versucht,

Einfluss auf uns zu nehmen, ohne an die Kinder zu denken. Dies erzeugt Widerstand und viele Familien geraten mit diesen neuen Rollen in Schwierigkeiten. Kinder verlieren die Orientierung in diesen orientierungslosen Familien und dem unklaren Erziehungsstil. Wir sehen heute immer häufiger Kinder mit schwach ausgeprägtem Selbstbewusstsein, was oft vom Vater, seinem Rollenverständnis und seinen Rollenzweifeln kommt.

Es wäre falsch und utopisch zu glauben, man könnte eine Gesellschaft nur durch Gesetzte, materielle Anreize und Ermutigungen dauerhaft und gesund verändern. Man kann nicht durch Druck etwas Natürliches verändern. Jede Veränderung, damit sie gesund ist und glückliche Effekten bringt, muss sich unbedingt an der Natur orientieren. Danach muss sie individuell jedem einzelnen angepasst werden. Es reicht nicht, dass etwas schön klingt, damit wir denken, dass es auch gut ist.

Der Druck der Gesellschaft, Medien und Politik zwingen viele Eltern, Rollen zu übernehmen, die sie unglücklich machen. Wenn man etwas nicht aus Überzeugung tut, ist man unglücklich. Es entstehen im Inneren viele Kräfte die sich bekämpfen und somit der Person die Energie raubt und sie seelisch und körperlich fertigmacht.

In meinen Beratungen, Umfragen und Erfahrungen habe ich festgestellt, dass Frauen und Männer im Grunde nur Frauen und Männer sind und sein wollen. Sie wollen gar nicht anderes sein. Kaum ein Mann hat etwas dagegen, dass die Frau arbeitet, im Gegenteil, und die Frau ist stolz auf das, was der Mann beruflich erreicht hat und erwartet nicht, dass er nur

Hausmann wird, wenn er nicht will. Beide wünschen sich einfach gegenseitige Unterstützung – nicht nur im Haushalt. Die Kindererziehung muss nicht nur als alleinige Aufgabe der Frau betrachten werden, nicht mal als nur die von Mutter und Vater, sondern von der ganzen Familie und der gesamten Gesellschaft.

Ich glaube wirklich, dass das Problem erst entsteht, wenn es Einmischung von außen in die Familie gibt. Studien und Theorien, die die Bedürfnisse und die Wünsche von allen Menschen gleichstellen wollen.

Was der Mensch A gut findet, kann und darf der Mensch B auch nicht gut findet. Da liegt aber das große Problem, weil man will, dass wir alle in die gleiche Richtung denken, fühlen und handeln. Deswegen erfindet man ständig neue Rollen, die aber viele Paare, anstatt ihnen zu helfen, überfordern und Streit in Beziehung und Familie bringen. Sobald man anfängt mit „du musst auch dies und das machen", fangen auch die Schwierigkeiten an und die Kinder leiden am meisten darunter.

Die Paare müssen sich immer wieder in den neu definierten Rollen finden, aber man merkt am Ende doch, dass es so schwierig ist, entgegen der „natürlichen" Gewohnheiten zu schwimmen.

Ich nehme dafür zwei Beispiele: die Elternzeit für Väter und die Anwesenheit der Väter bei der Geburt des Kindes.

Meine Beispiele drehen sich nicht um Eltern, bei denen alles geklappt hat, sondern um Eltern, die gerade aufgrund dieser neuen Konzepte kaputtgegangen sind. Es geht darum, dass keinen subtilen Druck mehr an Menschen ausgeübt wird, dies und das zu machen. Auch ein finanzieller Anreiz ist eine subtile Art Druck zu machen

Elternzeit kann gut für manchen sein, aber auch ein Horror für andere

So gut sie klingt, die Elternzeit für Väter hat manche Beziehungen und Familie zerstört, auch wenn in den Medien und in der Politik gerne einseitig nur über die Erfolge geredet wird. Ich habe mit vielen Männern gesprochen, die Elternzeit genommen haben. Es war bei den meisten so, dass sie es sich anders vorgestellt hatten und eher unglücklich in dieser Situation waren. Es gibt inzwischen viele Männer, die das seelisch nicht verkraftet haben. Einige Männer, mit denen ich sprach, verloren ihren Job. Es wurde nicht gesagt, dass es wegen der Elternzeit sei, aber während der Elternzeit war auf einmal ihr Job aus irgendwelchen Gründen wegrationalisiert worden. Viele Männer fühlten sich gedemütigt, sie schämten sich in dieser neuen Rolle, für die sie nicht vorbereitet waren.

Viele waren von den Aufgaben mit dem Kind einfach überfordert und waren am Ende doch keine so gute Erziehungsperson und Vorbilder für das Kind. Das heißt, am Ende brachte diese Erfahrung nichts Gutes. Die Kinder hatten von den frustrierten, unzufriedenen Vätern, die langsam Minderwertigkeitskomplexe („ich bin kein richtiger Mann") entwickelten, nicht das mitbekommen, was sie glücklich gemacht hätte. Wären aber diese Männer darauf vorbereitet gewesen, bin ich mir sicher, dass es auch gut gelaufen wäre. Man kann nicht jahrtausendealte Gewohnheiten einfach so leicht umschreiben und erwarten, dass das ohne negative Auswirkungen läuft.

Diese unklare Rollenverteilung in der Familie und die unvorbereiteten Eltern lassen eine Generation von Kindern heranwachsen, die immer schwächer und unglücklicher wird.

Väter im Geburtssaal, Trauma und Alptraum für manche Väter

Ein weiteres Beispiel, das bei manchen Paaren das Familienglück und dadurch auch das Kinderglück zerstört hat, ist die „Anwesenheits(fast)pflicht" des Vaters bei der Geburt. Heutzutage, besonders in den westlichen Ländern, ist es eine Liebesbekundung und die Pflicht eines normalen modernen Vaters, nicht nur bei der Geburtsvorbereitung dabei zu sein, sondern auch während der Geburt. Für manche Männer ist das kein Problem, für andere ist das aber der Horror. Aber der Druck der Gesellschaft zwingt sie mitzumachen. Viele sagten mir, dass sie mit mir darüber reden, weil ich sie als Afrikaner besser verstehen könnte.

Viele Männer, mit denen ich mich ausgetauscht habe, haben mir von ihren Erfahrungen während der Geburt erzählt. Sie empfanden dabei oder auch danach Ekel oder Mitleid mit der Frau, da sie den Anblick der Geburt auf physischer Ebene (und auf dieser Ebene ist es eine eher unschöne Sache!) nicht verarbeiten konnten.

Die erste Konsequenz war dann, dass die sexuelle Lust komplett abstarb, da sie dieses Bild nicht mehr aus ihrem Kopf bekamen. Ein Mann erzählte mir zum Beispiel, dass er danach nicht mehr in der Lage war, seine Frau oral zu befriedigen, und Sex nun immer mit Gewalt und Schmerzen assoziierte. Im Angesicht der sexuellen Organe der Frau erlebte er wieder dieses Wunde- Geburtstrauma, wie er selbst sagte. Diese Erfahrungen machten viele Männer und Beziehungen kaputt.

Einige erzählten mir, dass sie danach den Respekt für die Frau verloren hatten. Schlimmer aber war, dass die emotionale Beziehung zu dem blutigen herausgekommenem Kind sehr belastet blieb. Manche dieser Männer verließen nur wenige Wochen nach der Geburt die Familie für eine andere Frau.

Das große Problem, warum diese Gründe in Statistiken und Studien über Väter, die die Familie nur einige Monate nach der Geburt eines Kindes verlassen, nicht vollständig erfasst werden, liegt, denke ich, darin, dass diese Männer lügen und das Geheimnis allein mit sich tragen – auf Druck der Gesellschaft: Du musst einfach dabei sein, sonst bist du verantwortungslos, liebst dein Baby und deine Frau nicht, usw. Wie gesagt, sie konnten sich mir anvertrauen, da sie davon ausgingen, dass es in meiner Herkunftsgesellschaft anders läuft und ich sie deswegen „nicht komisch ansehen" und sie nicht als unmoderne Männer abstempeln würde.

Ein weiteres neues Phänomen, das Familienglück zerstört und Teil der moderne Rollen der Paare in Beziehungen ist, ist die immer stärkere Vermännlichung der Frauen und Verweiblichung der Männer.

Wenn Mann Frau und Frau Mann wird

Die Neudefinition der Geschlechterrollen führt oft zu Verunsicherung in der Familie. Vor allem die Männer und die Kinder sind es, die nicht mehr richtig durchblicken. Die Männer finden zwischen Hausmann, Ernährer, „Super-Papa" und „Super-Liebhaber" nicht mehr ihren Platz. Diese neue Situation bewältigen Männer immer schlechter und somit auch die Kinder, die heute immer weniger Respekt vor ihrem Papa haben. Die Bezugsperson wird immer einseitiger die Mutter. Der Vater muss nur Geld herbeischaffen. Leider macht diese Situation die Kinder nicht unbedingt stabiler. Viele Kinder mit innerer Instabilität stammen aus Familien, in denen die Frau das Oberhaupt der Familie ist, auch wenn gerne das Wort „wir" benutzt wird. Wenn ihr die Korrelation bisher noch nicht gesehen habt, dann achtet jetzt einmal darauf, ihr werdet sehen, dass es stimmen könnte!

Man sieht eine nach links (in Richtung der Frau) kippende Gesellschaft, in der die Frau immer mehr Macht bekommt. Das ist zwar reell gesehen nicht wahr, da es mehr um das Reparieren einer Schieflage, die sehr günstig für die Männer war, geht und somit um die Herstellung von Gleichberichtigung, Gleichbehandlung und Gerechtigkeit. Wie gesagt, es ist keine objektive Tatsache, aber die Männer empfinden es einfach so. Der Druck wird immer größer, und die Frauen kämpfen hart dafür.

Der Mann glaubt nun, um mitzuhalten, um seiner Frau entgegen zu kommen, um ihr zu zeigen, dass er sie liebt, sollte er ihre „*natürlichen*" Eigenschaften übernehmen. Die Männer werden auf einmal Hausmann und die Frau übernimmt die Männerrolle. Vaterschaftsurlaub wird zu einem Trend. Es scheint am Anfang alles wunderbar zu funktionieren, alle Freundinnen beneiden die Frau um diesen Hausmann, der stolz verkündigt, wenn die Frau nach Hause kommt: „Schatz ich habe es heute geschafft, alle Fenster zu putzen, die Betten zu beziehen, deine Wäsche zu bügeln, sogar deine Seidenunterwäsche habe ich per Hand gewaschen und das

Essen steht bereits auf dem Tisch. Kinder sind geduscht und, und, und…"

Die Männer zeigen nun auch Gefühle von Schwäche. Sie weinen wie Frauen, er redet sich ein, wie schön das alles ist, aber die Gesellschaftsstruktur lässt ihn immer mehr erkennen, dass etwas nicht „normal" ist. Du bist kein echter Mann. Das Selbstbewusstsein und der Stolz fangen an zu bröckeln; eine noch größere Folge dieser Entwicklung ist, dass die Frau selbst unbewusst den Mann nicht mehr als einen echten Kerl sieht. Im Unterbewusstsein der beiden Partner läuft die Wahrheit anders. Die Kinder spüren das auch. Draußen ist das Bild eines starken Vaters anders als das, was sie zu Hause sehen. Im Internet, in Filmen, in vielen Computerspielen, in Zeichentrickromanen sind die Männer immer die Heroes, die Stärkeren, die Unbesiegbaren, die Frauen und Kinder schützen und sie in Sicherheit bringen usw. Das heißt, das Bild der Familie von innen entspricht nicht dem Bild der Rolle der Eltern von außen. Das verunsichert die Kinder, besonders die Jungen, die sich nicht mit so einem Vater identifizieren können. Der Respekt verschwindet. Die Väter geben auf und entziehen sich ihrer Verantwortung außer selbstverständlich zu zahlen. Schauen wir in viele Familie um uns herum. Die Kinder haben immer weniger Respekt vor ihren Vätern. Auch in der Öffentlichkeit reden sie mit ihren Väter, als ob sie die Väter und die Väter die Kinder wären. Die Kinder reden oft mit ihnen, wie die Frauen mit ihnen zu Hause reden. Du kannst Anhand der Art, wie Kinder mit ihren Vätern umgehen, wissen, wie die Rollen zu Hause sind. Sie hören immer weniger auf ihre Väter. Der Vater ist ein Mann, aber sie sehen in ihren Vätern den Mann nicht mehr. Sie identifizieren sich immer weniger mit ihnen. Aber die Rolle des Vaters zur Stärkung eines Kindes ist sehr wichtig. Das hier geschilderte ist auch ein Grund, warum unsere Kinder weniger selbstbewusst werden.

Viele Frauen halsen sich dafür Männereigenschaften auf. Die Frau ist nun nicht mehr nur Mutter und Haushälterin, sie ist wie der Mann jetzt ein Konsument und ein aktiver Bestandteil der monetarisch produktiven Gesellschaft. Sie strebt nach Macht, sie bedrängt die Männer auf ihren sicher gedachten Positionen. Viele Männer fühlen sich durch dieses erstarkte Frauenbild eingeschüchtert und können damit gar nicht umgehen. Die Frau glaubt, dadurch dass sie jetzt die „Chefin" ist. Sie hat über den Mann gesiegt.

Aber was ich festgestellt habe ist, dass in Wirklichkeit viele Männer nur aufgegeben und resigniert, aber ihre Meinung überhaupt nicht geändert haben. Den Geschlechtskampf machen sie gar nicht mit und verkommen in eine Gleichgültigkeit. Sie sehen die Frau nicht mehr als Frau, sondern nur noch als Kampfmaschine.

Und für viele Frauen geht es gar nicht darum, Männer zu werden, und deswegen kommen sie auch nicht so richtig mit dieser neuen Rolle klar. Wir sehen viele Frauen, die unglücklich sind, weil sie Männereigenschaften annehmen.

Aber: Sogenannte Frauentätigkeiten zu machen bedeuten nicht, seine Männlichkeit aufzugeben.

Ich habe eine Frau in meinem Coaching gehabt, deren Sexualität mit ihrem Mann tot war. Das war eine Belastung für die Familie. Die beiden spürten, dass etwas fehlte. Sie dachte aber einfach, wie alle, dass es daran lag, dass sie als Managerin viel arbeitete und total müde war, wenn sie nach Hause kam und keine Lust auf Sex hat.

Nach meiner Erfahrung sind dies oft Alibi-Gründe. Es kann so sein, muss aber nicht. Oft hat man keine Lust mehr auf diese Person und nicht keine Lust auf die Lust.

Diese Situation belastete den Mann, der sehr fürsorglich war, für die Frau kochte, den Haushalt machte und alles tat, was in der „veralteten Struktur" eine Frau getan hatte – ein moderner Mann, wie man ihn uns vorschreibt. Normalerweise musste so eine Familie doch glücklich und die Kinder erfüllt sein. Leider waren die Unzufriedenheit des Mannes und seine Frustration Ursache vieler Probleme in der Familie und bald mussten auch die Kinder darunter leiden.

Im Coaching wurde schnell festgestellt, dass die Frau keine Lust auf ihren Mann hatte, weil der Mann sich sehr verweiblicht hatte. Sie fand es am Anfang schön, dass er alles im Haushalt machte, dann später kamen ihre Schuldgefühle. Dazu spürte sie auch, dass sie gerne kochen und manche Sachen im Haushalt tun würde. Es störte sie auch sehr, sagte sie mir, dass ihr Mann, wenn sie auf der Couch saßen und z.B. fernsahen, seinen Kopf auf ihre Brüste oder ihren Bauch legte und beim Filmschauen oft weinte. Sie sagte, dass sie das im Laufe der Zeit sehr anekelte, weil sie das mit der Frauenrolle assoziierte. In ihrem Gefühl sollte sie diejenige sein, die sich auf der starken Brust und an der Schulter des Mannes anlehnte und nicht umgekehrt. Sie sah ihren Mann unbewusst zunehmend als schwach, als nicht männlich und es fehlte ihr die bissige Aggressivität des Mannes. Sie fing an, Respekt vor ihm als Mann, nicht als Person, zu verlieren. Als Person respektierte sie ihn sehr. In Nachhinein stellte sie fest, dass sie einen starken Mann an ihrer Seite haben wollte, der sie kräftig unterstützte ohne seine Männlichkeit aufgeben zu müssen. Er sollte nicht Frau werden und die Frauenrolle übernehmen. Sie wollte selbst Frau sein und so behandeln werden. Sie war zwar eine Managerin aber immer noch eine Frau. Er müsste einfach Mann bleiben und dabei das tun, was bisher „Frauentätigkeit" genannt worden war.

Eine Beziehung, in der die Rollen nicht richtig definiert sind, ist eine Belastung für die Kinder. Man sollte nicht mit Kindern experimentieren, auch wenn Kinder flexibel sind und sich in verschiedene Modelle einfügen können, ist es dennoch wichtig, dass es Kontinuität gibt.

Wer ist Papa, wer ist Mama und wer macht was? Die Frau ist zuständig für die Liebe und der Mann für die Selbstsicherheit der Kinder.

In meiner Einweihung in Afrika lehrte man mich, dass Väter und Mütter unterschiedliche Rollen in der Erziehung von Kindern haben. Die Mutter ist zuständig für die emotionale Seite: Liebe, Gefühle zeigen, Freude, Fröhlichkeit, Kommunikation, Werte und der Vater für die Persönlichkeitseite: Selbstvertrauen, Selbstbewusstsein, Stärke, Sicherheit, Zufriedenheit der Kinder. Wenn die beiden

Elternteile das Kind zusammen erziehen ist es sehr wichtig, dass jeder seine Rolle gut erfüllt. Tatsächlich habe ich auch diese Erfahrung gemacht. Die meisten Menschen, die Persönlichkeits- oder seelische Probleme haben, hatten eine unausgeglichene Kindheit. Wenn der Vater nicht seine Rolle ausgefüllt hat, die Mutter das Oberhaupt der Familie war und die Erziehung zu matriarchalisch wurde, hatten diese Menschen Persönlichkeitsdefizite, wie wenig Selbstvertrauen, wenig Selbstliebe, Komplexe, Angstgefühle, Unsicherheitsgefühle, usw. Das ist zwar nicht wissenschaftlich bewiesen, aber wenn wir uns richtig beobachten, werden wir das feststellen. Es fällt einfach auf, dass viele Kinder mit mangelndem Selbstvertrauen in einem Haushalt lebten, in dem der Vater nicht das Sagen hatte, wo alles nach der Nase der Mutter lief und der Vater nur ja sagte und Geld zahlte. Man wird zum Beispiel schnell merken, dass in Haushalten, in denen die Mutter mehr das Sagen hatte, Mädchen dazu tendieren, den gleichen Beruf wie die Mutter auszuüben. Man merkt, dass die Kinder Persönlichkeitsstörungen haben, wenn der Vater keinen Einfluss auf die Kinder hat, egal ob aus Kapitulation oder Angst, weil er sehr selten zu Hause ist oder wegen seines Berufes. Wir sehen das auch bei den Kindern vieler Prominenter, die, obwohl der Vater nach außen in der Gesellschaft stark ist, trotzdem schwach sind.

Genauso werden die Kinder Defizite in ihrer emotionalen Seite haben, wenn der Vater eine zu dominierende Rolle in der Familie hat und die Frau wenig zu sagen hat.

Die moderne Erziehung, die dazu führt, dass die Väter kapitulieren, ist fatal für die gesunde Entwicklung der Kinder. Die Väter überlassen die Erziehung mehr und mehr allein den Frauen und nehmen immer mehr die Rolle von „nur Ernährer und Finanzier" an, wie im klassischen, bzw. alten Erziehungsstil. Aber ein Kind braucht gar nicht das Geld, sondern den Vater selbst.

Vaterlosigkeit ist ebenfalls eine große Belastung für die kindliche Entwicklung, aber lieber ohne Vater sein, als einen Vater zu haben, der seine Rolle nicht ausfüllt und seine Verantwortung gegenüber den Kindern nicht wahrnimmt. Dies schadet den Kindern mehr, als wenn er gar nicht da wäre.

Eine unausgeglichene Rollenverteilung macht die Kinder unglücklich und unsicher. Laut wissenschaftlichen Studien werden Kinder immer bindungsunsicherer mit ihren Eltern und besonders mit den Vätern. Und das ist schlimm für die seelische und körperliche Gesundheit der Kinder, da wir wissen, dass, wer als Kind unsicher gebunden war, als Erwachsener 50% stärker für Krankheiten anfällig ist.

Es ist sehr wichtig für das Kind, dass die Eltern nicht die Schwäche des anderen ausnutzen, um sich vor den Kindern als der Bessere darzustellen. Dazu gehört auch, den anderen vor dem Kind schlecht zu machen, oder hinter seinem Rücken schlecht zu reden. Das ist eine egoistische Einstellung, die dem Kind später schadet.

Zum Nachdenken

Wir Eltern, bevor wir mit der Erziehung unserer Kinder experimentieren und blind die moderne Erziehung in vollem Umfang übernehmen, sollten uns fragen: Wenn die sogenannte moderne Form der Erziehung so gut wäre für unsere Kinder, warum sind dann immer mehr moderne Kinder unglücklicher als die Kinder im alten System? Warum sind die westlichen Kinder nicht glücklicher als die Menschen in der sogenannten dritten Welt? Warum sind die Kinder bindungsunsicherer mit uns Eltern als früher? Warum werden unsere Kinder schwächer als Kinder früher?

Logisch wäre es doch gewesen, wenn alle diese Maßnahmen das Glück und die Zufriedenheit der Kinder gefördert hätten? Es scheint nach Hinten loszugehen, aber wir trauen uns nicht, das zu akzeptieren, genauso wenig, wie die antiautoritäre Erziehung das Kind stark machen kann.

Verlagerung von Erziehungsinstanzen: Lehrer, Erzieherinnen, Ärzte, Psychologen, Fremde Betreuung und der schwierige Fall Großeltern/Schwiegereltern

Die Verlagerung von Erziehungsinstanzen ist für die Eltern ein Weg ihrer Verantwortung zu entgehen.

Wir Eltern sind die ersten Erzieher, Psychologen, Ärzte, Lehrer, Trainer unserer Kinder. Der erste Kindergarten unserer Kinder ist zu Hause bei uns.

In keiner Kultur ist das noch eine Diskussion. Auch in den westlichen Kulturen haben sowohl die Erfahrung des Alltags, als auch die wissenschaftliche Forschungen und Studien bewiesen, dass die beste, gesündeste und glücklichste Erziehung von Kindern in der Familie stattfindet.

Die Familie, unser Zuhause, ist der Ort, an dem die Kinder alles mitbekommen, was sie brauchen um Morgen erfolgreich und ein gesunder Teil der Gesellschaft zu sein.

Wir Eltern sind die ersten Ansprechpartner, die ersten Bezugspersonen, wir sind die ersten Menschen, die unseren Kindern Moral, Werte, Kultur oder gutes Benehmen beibringen bzw. vermitteln. Alle anderen Instanzen unterstützen uns nur und bauen diese Eigenschaften weiter aus und festigen sie.

Wie immer versuchen manche Experten oder Politiker uns zu erklären, dass die Familie ein überholtes Modell sei. Das ist meiner Meinung nach sehr falsch und sogar gefährlich. Ich war selbst Kind und deswegen weiß ich, wie wichtig es für mich war, dass meine Bezugspersonen, Mutter, Vater, Geschwister da waren. Ich weiß, wie sehr ich mich freute, wieder nach Hause zu gehen, wie schön es war, wenn es keine Schule gab und meine Mutter oder mein Vater sich frei nahmen und mit uns etwas unternahmen. Meine schönsten Erinnerungen als Kind sind daran, was ich zu Hause gemacht habe, obwohl ich sehr gern zur Schule ging, wo ich sehr beliebt war. Die Erzieherinnen im Kindergarten liebten mich sehr, aber zu Hause war es am Schönsten. Am Sichersten. Wenn ich heute darüber nachdenke, wer meine Persönlichkeit und meine Werte geprägt hat, dann sind das meine Eltern und Geschwister. An Lehrer oder Erzieher kann ich mich überhaupt nicht erinnere, aber ich kann heute immer noch sagen, dass meine Mama mir immer dies, oder mein Vater mir jenes gesagt haben, dass meine große Schwester mir half, usw. Von anderen Instanzen habe ich heute nichts mehr im Kopf Außer, dass sie mir immer sagten, dass ich gut erzogen wäre, das ich nicht bockig sei, dass ich fleißig arbeite. Dieses Lob habe ich immer noch im Kopf.

Ich erinnere mich noch daran, wie mein Vater, obwohl er als Politiker in dieser Aufbauphase Kameruns nach der Befreiung und dem Sieg über Frankreich, mehr als 16 Stunden am Tag arbeitete, doch immer Zeit fand, um uns mehr als 20 Kindern moralische und wertvolle Geschichten zu erzählen, Lieder zu singen, mit uns zu spielen usw. Ja, das hat meine Kindheit geprägt.

Als Vater habe ich dann selbst gemerkt, wie es meinen Kindern gut tat, wenn sie von der Schule kamen und ich da war, oder am Abend kam und mit denen das gleiche tat, wie mein Vater es getan hatte. Ich habe gesehen, dass es ihnen viel wichtiger ist, was ich über sie denke, was ich sage, als was die Lehrerin oder Erzieher oder Trainer gesagt hat. Obwohl sie gerne zur Schule und in den Kindergarten gehen, wo sie tolle Bezugspersonen haben, obwohl sie jedes Mal tanzen, wenn sie zu ihren Großeltern gehen, die sie sehr lieben, sehe ich, wie doch die Primärfamilie für sie der wichtigste und unverzichtbarste Halt ist.

Dass die Familie ein überholtes Modell sei sagten schon die Kommunisten früher, die dann massenweise Kinderkrippen und Betreuungsangebote aufbauten, ohne gleichzeitig die Familien zu stärken. Ziel war, die Mütter möglichst wieder rasch an ihren Arbeitsplatz zurückzuschicken. Nach dem Kommunismus hat zum Beispiel Gorbatschow, der letzte kommunistische Präsident Russlands, eingestanden, dass dies ein Fehler gewesen war und viele Probleme in der Gesellschaft entstanden waren, weil die Wichtigkeit der Familie in der Kindererziehung missachtet worden war.

Betreuungsangebote aufzubauen ohne die Familie zu stärken und zu unterstützen, ohne den Familien die Möglichkeit zu geben selbständig zu entscheiden, wie sie ihre Kinder (besonders die ganz kleinen unter drei Jahren) betreuen wollen, wird dazu führen, dass wir das gleiche Problem bekommen, wie die Kinder in den ex-kommunistischen Ländern. Wir werden immer Kinder haben, die den Belastungen der modernen Zeiten nicht gewachsen sind und am Ende wieder eine Last für die Allgemeinheit werden.

Ich bin immer der Meinung, dass alles, was gegen das Natürliche geht, den Menschen früher oder später schadet.

Die ersten, wichtigsten Personen für die Kinder sind immer die Eltern. Das ist die Primärfamilie.

Aus Bequemlichkeit, Faulheit und Egoismus versuchen wir häufiger unsere Verantwortung auszulagern, denn Erziehung heißt, mit den Kindern arbeiten, sich Zeit für die Kinder nehmen und sich intensiv um die Kinder kümmern. Das bedeutet, dass wir uns selbst einschränken müssen und das wollen und können viele Eltern nicht.

Es ist deswegen viel einfacher, die Arbeit an die Großeltern, die Lehrerinnen, Psychologen, Ärzte, Erzieherinnen, Kindermädchen, Bücher, Medien, Gesetze usw. zu delegieren.

Lustig, aber traurig ist es, wenn wir unser Versagen nicht erkennen und die anderen Erziehungsinstanzen kritisieren und verantwortlich dafür machen, dass sie unseren Kindern nicht geholfen haben. Wir kritisieren zum Beispiel die Psychologen, dass sie ihre Arbeit falsch gemacht haben. Wenn wir es nicht geschafft haben, unsere Kinder gesund zu erziehen, ist der Psychologe oder der Lehrer nicht schuld daran. Sie versuchen uns zu unterstützen und versuchen zu reparieren, was kaputtgegangen ist, was wir kaputt gemacht haben.

Das ist wie Autobauer und Automechaniker. Wenn das Auto kaputtgeht, versucht der Automechaniker es, soweit er kann, zu reparieren. Sind Teile defekt muss er Ersatzteile bestellen. Wenn das Auto aber schlecht gebaut und deswegen nicht leistungsfähig ist, kann der Mechaniker nichts tun. Wenn der Fehler ein Konstruktionsfehler ist, muss das Auto zurück zum

Autobauer, damit der Fehler behoben wird. Wir hören oft, dass Autobauer Autos zurückrufen, um manche Grundfehler zu beheben. Der Automechaniker trägt in diesem Fall keine Schuld dran, dass das Auto kaputt oder nicht reparabel ist.

Genauso ist es ein Stück weit mit den Menschen. Nicht die Psychologen sind schuld, dass es unseren Kindern so schlecht geht, oder dass sie kaum therapiert werden können. Oft können sie sie nur für eine Zeit beruhigen. Wir Eltern sind zum großen Teil verantwortlich dafür, wie es unseren Kindern geht.

Ich habe viele Menschen beraten und festgestellt, dass viele ihrer Probleme in der Kindheit und in ihrer Beziehung zu ihren Eltern liegen. Ich habe bei vielen Menschen die Angst gesehen, in ihre Kindheit zu schauen aus Angst, ihre Eltern in Frage zu stellen oder ihnen Vorwürfe zu machen. Dies sind oft Menschen, die von ihren Eltern auch in fortgeschrittenem Alter – sogar mit über 30 oder 40 – noch immer kräftig finanziell unterstützt werden. Sie werden so in ein Unabhängigkeitsverhältnis gesetzt, in dem sie praktisch selbst die Fehler der Eltern tragen müssen und sich somit nicht befreien und therapieren können. Sie werden zu Energielieferanten für die Eltern, Energie, die ihnen aber fehlt, um glücklich leben zu können. Therapien für unsere Kinder, wenn sie seelische Störungen haben, würde besser anschlagen, wenn wir Eltern sie zusammen mit unseren Kindern machen würden. Wir sind Teil des Problems der Kinder und sind oft das fehlende Puzzleteil für eine erfolgreiche Therapie.

Die Verlagerung der Erziehungsinstanzen schadet den Kindern. Das ist eine Art, auf Kosten der Kinder leben zu können. Kinder zu machen um ihre Energie aufzusaugen. Wenn wir zulassen, dass die Anderen unseren Kindern Werte, Verhaltenskodexe, Moral usw. vermitteln, dann fehlen den Kindern feste Bezugspersonen und eine Kontinuität. In Konsequenz haben die Kinder Vertrauensprobleme, sind instabil, launig, unruhig, unzufrieden usw. das heißt, sie sind unglücklich.

Die andere Erziehungsinstanzen (die sekundären Bezugspersonen, nämlich die Großeltern, Lehrer, Erzieher, usw.) müssen verstehen, dass es ihre Rolle ist, die Eltern zu unterstützen und nicht, die Aufgabe der Eltern zu übernehmen. Anhaltende Graben- und Kompetenzkämpfe und der ewige Streit ums Rechthaben zwischen den Eltern und den sekundären Bezugspersonen schaden den Kindern und verunsichern sie sehr.

Ein Beispiel sind die Kinder von Helmuth Kohl, ehemaliger Kanzler, die sich bis heute als Erwachse nicht gefunden haben, wegen der fehlende Präsenz des Vaters.

Die lieben Großeltern und Schwiegereltern

Die Großeltern sind für die Kinder sehr gute weitere Bezugs- und Erziehungspersonen, die auch wichtig sind bei der Unterstützung der Eltern. Er ist bekannt, dass die Großeltern gegenüber ihren Enkelkindern ein bisschen nachgiebiger sind als die Eltern. Wenn die Eltern nein sagen, warten die Kinder, bis sie am Wochenende bei den Großeltern sind, die ohne Rücksprache mit den Eltern, aus Mitgefühl für ihre Enkel und Enkelinnen, erlauben, was sie normalerweise nicht dürfen. Dass sie so mit den Kindern unbemerkt ein Bündnis gegen die Eltern schmieden, ist vielen Großeltern gar nicht klar.

Wie viele Eltern haben schon gegen die eigenen Mütter und Väter oder gegen die Schwiegereltern rebelliert, damit dies oder das nicht gemacht wird? Wie unglücklich ist es für die Kinder, wenn sie mit vielen Dingen von Oma und Opa zurückkommen, die die Eltern aber gar nicht haben wollen? Wie viel Streit gab es schon, wenn die Großeltern Leistungen der Kinder mit Geld belohnen, obwohl Eltern solche Art von Erziehung als (Gewissens-)Kauf ansehen?

Großeltern dürfen gerne den Nachwuchs betreuen. Eltern, die Primärfamilie, tragen aber die Verantwortung. Deshalb dürfen sie auch großelterliche Entscheidungen aufheben oder ändern, ohne, dass diese beleidigt sein sollten. Die Großeltern müssen sich immer fragen, ob sie selbst solche Einmischung von ihren eigenen Eltern und Schwiegereltern damals bei der Erziehung ihrer Kinder geduldet hätten?

Für die Kinder ist der ewige Streit ums Rechthaben zwischen den Erziehenden schlecht; wenn Großeltern etwas anderes wollen als die Eltern, oder als ein Teil der Eltern, oder meinen, es besser zu wissen als die Eltern selbst.

Am Ende leiden wieder nur die Kinder, die nun in ihren Gefühlen unsicher sind und den Eindruck bekommen, dass sie sich ständig zwischen Großeltern und Eltern entscheiden müssen. Das ist eine seelische Belastung, die nicht ohne Folge bleibt.

Zeitmangel: Wenig Beschäftigung mit den Kindern, und zu viel Zeit für nach außen orientierte Aktivitäten

Aus Bequemlichkeit verbringen wir immer weniger Zeit mit unseren Kindern. Wir beschäftigen uns wenig mit ihnen. Das hat schwerwiegende Konsequenzen für die Kinder.

Unsere Kinder können schwere Entwicklungsstörungen (Bindungsstörungen, Verhaltensstörungen, Angst- und Gefühlsstörungen, Urvertrauensstörungen hin zur körperlichen Störungen) davontragen, wenn wir uns nicht schon im Babyalter um sie kümmern und viel Zeit mit ihnen verbringen. Die Kinder haben das Recht, Zeit mit ihren Eltern zu verbringen.

In vielen Untersuchungen fragte man die Kinder, was sie sich am meisten von ihren Eltern wünschen. Die Antwort war sehr klar: MEHR ZEIT!

In meiner eigenen Umfrage im Internet, in Chats mit Jugendlichen und bei meinen Kunden, was sie in der Kindheit am meisten vermisst haben, war die Mehrheit der Antworten sehr Eindeutig: Sie hätten gerne mehr mit ihren Eltern gespielt. Besonders der Vater war selten da und wenn, war er müde und wollte nur noch seine Ruhe.

Zeit und Aufmerksamkeit sind das, was unsere Kinder am meisten brauchen und nicht Geld, Geschenke usw.

Die Menschen, die sehr schön über ihre Kindheit sprachen, identifizierten diese Schönheit mit der vielen Zeit, die ihre Eltern mit ihnen verbracht hatten und mit all dem, was sie gemeinsam und zusammen erlebt und getan hatten.

Ich konnte schnell feststellen, dass die Kinder, die mehr Zeit, mehr Beziehungszeit mit den Eltern verbachten, stabiler und glücklicher erschienen. Sie erzählten sehr gern über ihre Kindheit, mit voller Begeisterung.

Bei meinen Klienten, die seelische Störungen haben, habe ich bemerkt, dass ihre Eltern wenig Aufmerksamkeit ihnen gegenüber als Kind gezeigt, und wenig Familienzeit mit ihnen verbracht hatten.

Babys, besonders in den ersten Monaten, bedürfen ihrer Mütter so sehr und es ist sogar schon Kinderrechtsverletzung, wenn dieses Dasein nicht garantiert werden kann, weil die Mutter so schnell wie möglich wieder arbeiten muss.

Ich gehe sogar viel weiter und betrachte es als Kindermisshandlung, wenn ein Baby so früh auf die schützende und so heilsame Wärme seiner Mutter verzichten muss.

Ein Kind, dem nach der Geburt diese Wärme vorenthalten wird, könnte Störungen in seinem Verhalten, wie Schlaf-, Fütter- Schrei- oder Bewegungsstörungen haben und ich finde es unfair für diesen Menschen, schon so früh, ohne dass er sein Einverständnis geben konnte, einen schlechten Start ins Leben zu haben.

Kinderrecht bedeutet auch, Zeit für die Kinder zu haben. Man kann heute ohne zu zögern sagen, dass das Recht der Kinder in Gefahr ist.

Es ist nicht akzeptabel, dass eine zivilisierte und hoch moderne Gesellschaft das „primitivste" Recht der Kinder kippen möchte, zugunsten des Rechts der Mütter und Väter auf Beruf und Geldverdienen.

Wer kann einem Baby besser ein Sicherheitsgefühl geben als die eigene Mutter? Diese Zeit, minutenlang an der Brust der Mama, dient nicht nur der Nahrungsaufnahme. Nicht nur dass die Muttermilch die Kinder vor Krankheit und Fettleibigkeit im Erwachsenenalter schützt, das Stillen hilft auch bei der Ausbildung des Bewegungsapparates, insbesondere der Mimik, des Gaumens und des Gebisses und durch den Körperkontakt wird dem Kind das Gefühl von Wärme und Geborgenheit vermittelt, sein Urvertrauen aufgebaut und entwickelt. Und nicht zu vergessen, das Stillen ist auch für die Mutter sehr gut. Durch das Stillen werden auf natürliche Weise viele Dinge in Körper und Seele der Frauen zurückgebildet oder aufgebaut.

Sich die Zeit zu nehmen, und dem Kind diese Chance zu geben gesund aufzuwachsen, ist sehr wichtig. Wenn der Mutter die Zeit fehlt und sie dem Kind nicht so viel dieser Wärme wie möglich geben kann, wird nicht nur das Urvertrauen (und ohne dieses kann kein Vertrauen und Selbstvertrauen aufgebaut werden) des Kindes zerstört, sondern auch das Kind zahlreichen psychosomatischen Krankheiten ausgesetzt.

Die Kinder haben einen Anspruch auf eine Mutter, die besonders in den ersten Monaten für sie da ist!

Häufig gehen beide Eltern arbeiten und geben die Kinder so früh in fremde Betreuung, nicht weil sie arbeiten müssen, um das Kind zu ernähren, sondern nur, um ihren Lebensstandard zu erhöhen oder auf Druck der Umwelt. Das ist fahrlässig gegenüber den eigenen Kindern.

Eine Gesellschaft, die darauf nicht achtet, ist dabei, kleine defizitäre Wesen aufzuziehen, die diese Gesellschaft von innen fressen werden.

Was Kinder brauchen ist Liebe, Aufmerksamkeit, Zuneigung und viele Zeit, viel Beziehungszeit. Vergängliche Werte, wie materielle Dinge sind für Kinder zuerst nicht so wichtig.

Sie wollen sich sicher fühlen und dies können sie nur, wenn sie feste soziale Bindungen haben. Diese feste Bindungen entsteht auch indem wir uns ständig mit unseren Kindern beschäftigen und das schon im Babyalter.

Wir nehmen uns immer weniger Zeit für unsere Kinder. Früher war zu mindestens ein Elternteil immer für die Kinder da. Heute arbeiten beide Elternteile zum Teil voll. Wenn sie wieder zu Hause sind, beklagen sich über die Müdigkeit und den Stress des Tages.

Und wenn wir es doch schaffen, uns ein bisschen Zeit zu nehmen, wird diese Zeit eher dafür genutzt, um nach außen orientierte Aktivitäten zu gestalten. Es wird sehr wenig Zeit genutzt, um etwas Persönliches mit den Kindern zu machen. Den Kindern wird keine persönliche Aufmerksamkeit entgegengebracht, wir verbringen einfach viel, viel zu wenig Beziehungszeit mit unseren Kindern.

Wir Eltern wollen neben dem persönlichen, beruflichen Erfolg auch das Leben voll genießen. Wir wollen immer unseren vollen Spaß haben, ohne Verzicht. Die Medien zeigen uns doch, dass wir nichts verpassen sollten. Beim Thema Genuss treten manche sogar in Konkurrenz zu ihren Kindern. Eltern bevorzugen dann immer mehr die Fremderziehung, z.B. um die Kinder durch Hausmädchen, das sich so lange wie möglich kümmern soll.

Ohne genügend Familienzeit, keine gesunde Entwicklung der Kinder.

Wenn wir uns Zeit nehmen, dann um mit den Kindern zu McDonald's zu gehen, oder lesend auf der Spielplatzbank zu sitzen, während das Kind alleine spielt. Dies beansprucht uns persönlich wenig und die Zeit geht schnell vorbei, ohne dass wir uns wirklich mit dem Kind beschäftigt haben.

Es fehlt uns Zeit, um mit unseren Kindern zu kommunizieren. Das wirkt sich auch auf ihre Kommunikations- und Sprachfähigkeiten aus.

Viele Familien nehmen sich kaum mehr Zeit, um gemeinsam zu Abend zu essen, den Kindern selbst erfundene Geschichten zu erzählen oder selbst erfundene Spiele zu spielen. Gerade diese Dinge sind aber so wichtig, um den Kindern Werte beizubringen oder auch um Schwächen und Fehler der Kinder auszubügeln, ohne das Kind direkt anzusprechen. In Geschichten und Spielen kann man Elemente einbauen, die bestimmte Probleme und Schwierigkeiten der Kinder verarbeiten, anstatt den Kindern zu sagen: *Du hast das falsch gemacht, das ist schlecht, was du gesagt hast, das ist schlimm, wie du dich verhältst* usw. Spielerisch werden sie das besser verstehen, aber dies geht nur, wenn man sich Zeit für die Kinder nimmt.

Deswegen ist es so wichtig, besonders in der Frühphase der Kindesentwicklung, dass die Eltern mehr Zeit mit ihren Kindern verbringen sonst sehe ich unsere Kinder immer instabiler werden.

So zerstören wir das Urvertrauen der Kinder, und das Urvertrauen ist der Vorbote des Selbstvertrauens.

Aufmerksamkeitsdefizite führen dazu, dass die Kinder sich allein fühlen, keine Bindung zu sich selbst, zu den Eltern und zur Umwelt aufbauen können, sich unsicher fühlen und misstrauisch werden. Sie öffnen sich mit der Zeit kaum noch. Sie haben das Gefühl, nicht geliebt zu werden und leiden unter Minderwertigkeitskomplexen, Angsterkrankungen, Selbstverletzungen, Essstörungen, Zwangskrankheiten, Depressionen. Wie gesagt, viele können keine normale Verbindung eingehen, sie verweigern Beziehungen oder sie gehen wahllos Beziehungen ein, auf der Suche nach Aufmerksamkeit, ohne dass etwas Ernstes daraus entsteht. Sie lassen sich oft demütigen und sogar misshandeln, um das Gefühl geliebt zu werden zu spüren.

Wenn wir, besonders in ihrer Frühphase, kaum oder wenig Zeit mit unseren Kindern verbringen, zerstören wir ihr Urvertrauen, das die erste Stufe des Selbstvertrauens ist.

Urvertrauen und Vertrauensstörungen: Schutzlosigkeit und Aussterben der natürlichen Schutzinstinkte der Eltern

Ist das Urvertrauen eines Kindes zerstört, kann das Kind kein Vertrauen ausbilden und somit auch kein Selbstvertrauen haben. Kinder ohne Urvertrauen haben wenig Selbstvertrauen und können Minderwertigkeitskomplexe haben. Bindung fängt nicht mit der Geburt an. Das Urvertrauen aufzubauen fängt meiner Meinung nach schon an, wenn das Kind noch im Bauch der Mutter ist.

Nun da es wissenschaftlich bewiesen ist, dass Kinder im Bauch unsere Emotionen mitbekommen und auch davon beeinflusst werden, ist es sehr wichtig schon in der Schwangerschaft unsere Emotionen, die wir niemals 100 % kontrollieren können, zu pflegen.

Viele Dinge können das Urvertrauen der Kinder zerstören oder schwer belasten. Wir müssen uns nur vorstellen, welch ein Schock es für ein Neugeborenes ist, aus dem Bauch der Mutter zu kommen, das Licht zu sehen und das erste Mal Beinen und Füßchen, Arme und Händchen auszustrecken.

Das Kind weint, alles ist neu, kalt, unsicher, fremd. Das ist ein Moment, in dem der Körper der Mutter so wichtig ist für das Baby. Die Trennung der Kinder von ihren Müttern unmittelbar nach der Geburt kann für das Kind emotionale Konsequenzen haben. Die sichere Bindung in dieser Phase ist sehr wichtig, um das Urvertrauen der Kinder aufzubauen.

Mütter, die nach der Geburt ihr Baby sofort alleine lassen, fügen ihren Kindern Schaden zu, auch wenn die Medien, die

Wirtschaft und die Politik uns solche Mütter, die sofort wieder in den Beruf zurückkehren, als moderne, emanzipierte, selbstbewusste, starke Frauen darstellen möchten. Ja, vielleicht ist die Mutter als Arbeits- und Produktionswerkzeug modern, aber als Mensch tun sie sich und ihren Kindern nichts Gutes.

Die Wirtschaft und die Politik, die vorantreiben, dass die Kinder so schnell wie möglich von ihren Bezugspersonen getrennt werden, spielen ein Spiel, das sich gegen sie selbst wenden wird. Sie werden dann Morgen zusehen müssen, wie sie damit umgehen mit diesen Kindern umgehen, wenn sie erwachsen sind und ihren Tätigkeiten nicht so nachgehen können, wie ihre Mütter oder Väter das konnten. Wie viele Milliarden geben sie aus, um diese seelisch schwächeren Menschen psychologisch zu behandeln? Wie viele Krankheits- und Leistungsausfälle muss die Wirtschaft verkraften, weil Menschen wegen innerer Instabilität nicht mehr richtig können?

Die natürliche Verbindung über die Nabelschnur macht die Mutter-Kind-Verbindung und Bindungen im frühen Alter einzigartig und stärkt das Urvertrauen der Kinder. Dieses Urvertrauen wird durch die Aufnahme der aus den Brüsten der Mutter tropfende Muttermilch weiter gefestigt. Dieser Vorgang des an der Brust Trinkens dient nicht nur der Nahrungsaufnahme, sondern auch dem Aufbau von Bindungen der Babys sowohl zu ihrer Mama, als auch zur Natur und zu ihrer Umwelt. Dieser Akt ist am Anfang vielleicht das wichtigste Element zur Bildung frühkindlichen Vertrauens. Schauen wir einmal hin, wie das Baby beruhigt ist, sobald es die Brustwarze der Mutter in seinem Mund hat! Schauen wir hin, wie glücklich, ruhig, entspannt das Kind in diesem Moment ist! Es gibt ihm Sicherheit und es fühlt sich beschützt und geschützt. Dies sind Gefühle, die neben Streicheleien, Berührungen, Liebe und Aufmerksamkeit notwendig sind, damit ein Kind Vertrauen zu seiner Umwelt, das heißt zu seinen Mitmenschen entwickeln kann.

Wir wissen, dass frühkindliche Beziehungen zu Bezugspersonen eine natürliche Sehnsucht bzw. ein Grundbedürfnis von Kindern sind, dass das Kind Schutz und Geborgenheit sucht. Dieses Bedürfnis ist biologisch verankert.

Früh erworbene Bindungen sind manchmal so fest, dass sie auch weiter halten, wenn sie von diesen Personen schlecht behandelt werden.

Eine nicht vorhandene oder negative emotionale Bindung kleiner Kinder zu einer Bezugsperson (Mutter, Vater usw.) hat einen großen negativen Einfluss auf ihre Weiterentwicklung und ihre spätere Persönlichkeitsstruktur und erschwert es, Vertrauen zu anderen Menschen aufzubauen.

Wechselnde Bezugspersonen (Großeltern, Kindermädchen usw.), sowie wechselnde Partnerschaften und ständig neue Beziehungen und ein neues Umfeld können das Vertrauen der Kinder schwer belasten und Kinder sogar traumatisieren.

Der aussterbende, natürliche Instinkt der Eltern, den Kindern Schutz und Geborgenheit zu geben, macht es für die Kinder so problematisch, Urvertrauen und Vertrauen aufzubauen. Die Eltern haben mehr Vertrauen in Bücher, Medien, Psychologen, Experten, Politiker, usw. als in ihre eigene Bauchstimme.

Eine unsichere Bindung fördert die soziale Inkompetenz und schwächt das Selbstvertrauen. Eine unsichere Bindung im

Kindesalter setzt die Kindern leicht in Abhängigkeiten von anderen Menschen, Dingen, Drogen, usw.

Eine unsichere Bindung von Kindern zu ihren Eltern kann auch Ursache von Verhaltensauffälligkeiten und seelischen Störungen sein, wie: Aggressivität, Aggressionen, Unruhe, fehlende Konzentration, Verschlossenheit, Antriebslosigkeit, Minderwertigkeitskomplexe, ungesundem Perfektionsdrang, Selbsthass und Hass, Unselbständigkeit und Ängsten.

Komplexe aller Art: Minderwertigkeitsgefühle, Mangel an Selbstbewusstsein und Selbstvertrauen

Aufgrund meiner Beratungs- und Coachingarbeit, meinen Erfahrungen und meinen Beobachtungen würde ich sagen, dass die Ursachen eines geringen Selbstwertgefühls nicht nur in den Genen liegen, wie manche Wissenschaftler sagen, sondern dass sie auch in den familiären Beziehungen zu suchen sind. Sie gehen bis in die frühe Kindheit zurück.

Kinder mit Komplexen und keinem Selbstvertrauen werden teilweise fast dazu erzogen. Sie sind so, weil wir Eltern im Grunde auch so sind. Nur wenn wir auch voller Komplexe stecken, an uns zweifeln und uns das nicht eingestehen, dann können wir diese negativen Gefühle unseren Kindern weitergeben. Leider trauen sich sehr wenige Eltern, die Probleme der Kinder mit sich selbst zu assoziieren. Da wir das aber unbewusst spüren, handeln wir weiter so, dass wir nicht hinschauen und an uns selber arbeiten müssen. Dadurch werden die Kinder aber gezwungen, weiter in diesen Emotionen zu bleiben.

Wir sind immer da für sie, wir trauen uns nicht sie zu kritisieren, wir helfen ihnen mehr als sie wollen und brauchen. Wir bieten uns ständig an und jede Schwierigkeit der Kinder wird mit materiellen Dingen sofort behoben. Wir haben so große Angst, dass die Kinder sich Zeit nehmen, um sich mit uns auseinanderzusetzen, dass wir sie dazu bringen bedürftig zu werden und abhängig von uns. So rauben wir unseren Kindern die Energie, da wir uns als Helfer hinstellen und das

Kind als Bittsteller. Wir überdecken unsere eigene Schwäche, denn durch die Bewunderung für unsere Hilfe und durch die Anerkennung der Kinder und fühlen wir uns als etwas Besonderes.

Auch sehr erfolgsreiche Eltern können ihren Kindern Minderwertigkeitsgefühle, Ängste und Zweifel vermitteln.

Ein Minderwertigkeitskomplex hat nichts mit Erfolg zu tun. Erfolg kann uns stark machen, aber ich kenne viele Kinder mit schlimmen Komplexen, deren Eltern beruflich oder gesellschaftlich sehr erfolgreich sind. Nur weil sie erfolgreich sind und nach Außen wie Powereltern erscheinen, heißt das nicht, dass sie sich im Innern nicht total minderwertig fühlen. Wir können erfolgreich sein und dennoch sehr wenig Selbstvertrauen haben. Das richtige und gefestigte Selbstvertrauen liegt in uns, es liegt im Inneren. In meinem Beruf habe ich Menschen betreut, die im Vorstand waren, aber Schwierigkeiten hatten, weil sie sich trotzdem minderwertig fühlten, manchmal sogar gegenüber der Empfangssekretärin, das heißt gegenüber einer Mitarbeiterin, die ganz unten in der Hierarchie steht.

Wir Eltern geben uns viel Mühe, damit unsere Kinder unter idealen Bedingungen leben, aber das allein garantiert nicht, dass die Kinder ein starkes Selbstwertgefühl und Selbstbewusstsein haben werden. Da wir nur das Beste wollen für unsere Kinder, tun wir alles, damit die Kinder sich nicht mit negativen Dingen beschäftigen müssen. Wir halten sie von

Fehlern fern. Wir versuchen, sie noch mehr zu schützen, ihren Wünschen sofort nachzugeben. Bei Problemen – zum Beispiel in der Schule, mit Lehrern oder Mitschülern, im Sport mit dem Trainer usw. – ergreifen wir sofort die Seite der Kinder, um ihnen das Gefühl zu geben, dass wir immer für sie da sind. Solche Aktionen machen das Kind schwach und tragen nicht dazu bei, das Selbstvertrauen der Kinder zu stärken.

Ich habe gemerkt, dass die Kinder aus sogenannten „Problemvierteln" und mit Eltern, die nicht zu sehr auf sie aufpassen, ein stärkeres Selbstbewusstsein haben, als die sehr wohlbehüteten Kinder aus sogenannten „guten Familien".

Als ich dieses Buch schrieb und mich deswegen mit vielen Menschen unterhielt, bemerkte ich, dass Kinder der „guten Familien" häufig mehr mit sich selbst zu kämpfen haben, als die Kinder, die „fast auf der Straße" aufwachsen und wenig Unterstützung von ihren Eltern und von der Umwelt bekommen. Diese Kinder sind mutiger, furchtloser und glauben, sie können alles.

Ich habe außerdem festgestellt, dass viele der Menschen, die sich während meiner Umfrage bei mir meldeten und zum Beispiel mit Selbstmordgedanken und Drogen zu kämpfen hatten, Kinder von Ärzten, Rechtsanwälten, Professoren, erfolgreichen Künstler usw. waren. Das heißt, Kinder aus sehr guten Familien. Viele von ihnen sind sehr unzufrieden mit sich selbst, nehmen ständig Drogen, trinken viel, haben Lebensängste usw. Das schlimmste aber ist, dass ihnen wegen ihrer sozialen Herkunft nicht geholfen wird, zumindest nicht sofort. Ja, es ist schwerer für sie, als für Kinder sogenannter „ schlechter Familien", weil solche Probleme in diesen Kreisen nicht thematisiert werden dürfen. Alles was man zu lesen bekommt, handelt nur von Kindern aus schlechten Verhältnissen. So wurden Probleme immer zu spät erkannt, manchmal erst, wenn die Kinder zu kaputt waren, ein Suizidversuch unternommen wurde, oder gar erst nach einem Selbstmord.

Wir Eltern programmieren die Kinder dazu, Minderwertigkeitskomplex zu entwickeln Wir können unsere Kinder so erziehen, dass sie unsicher werden.

Wir Eltern fördern Minderwertigkeitskomplexe in unseren Kindern, indem wir sie ständig mit ihren Fehlern und allem, was nicht so optimal ist, wie wir es gerne hätten, konfrontieren. Mit „du"-Botschaften schaffen wir es, die Kinder zu überzeugen, dass sie nicht perfekt sind:

Du hast zugenommen? Du hast zu lange Beine, du musst aufpassen dies oder das zu machen, wie siehst du heute aus?

Ziehe vielleicht ein langärmeliges Hemd an, damit man deine Sommersprosse nicht so sieht, es gefällt dir doch nicht, wenn alle darauf starren, oder?

Ich möchte dir nur helfen, du hast einen fetten Hintern in dieser Hose, dein Busen ist zu klein, wenn du nicht aufpasst wirst du zu einer Tonne, wie kann man nur so doof sein?

Immer nur Blödsinn redest du, stell dich doch nicht so dumm an, du bist immer tollpatschig, du kannst nie etwas richtig machen, du bist zu feige, warum bist du nicht mutig?

Mit dir wird es nie was, das ist klar, du kannst das ja nicht, das weiß doch jeder usw.

Oder die Kinder beklagen sich zum Beispiel *„Mama, ich fühle mich dick"*, dann antwortete die Mama, *„ha das ist doch normal, oder? Nicht jede Frau sieht aus wie Heidi Klum!*
„Mama, er hat mich beleidigt, er hat gesagt, dass mein Beine nicht schön sind." Und die Mama antwortet: *„Liebes Kind, jeder ist so, wie Gott ihn gemacht hat. Der ist doof. Das ist sein Problem und nicht deines."*

Alle Antworten sind zwar gut gemeint, aber sie verfehlen ihr Ziel und tragen, dazu bei, dass die Kinder sich vergleichen und an sich selbst zweifeln.

Noch schlimmer sind für mich die Versuche, das schönzureden, was offensichtlich nicht so ist, nur um das Kind zu unterstützen. Ich habe Eltern gesehen, die ihre Kinder in ihrer Schwäche bestärken, weil sie das Kind nicht traurig machen wollen, anstatt die Stärken und die positiven Seiten des Kindes in den Vordergrund zu stellen und Lösungen und Chancen zu finden:

Beispiel 1:

„Papa ich trau mich nicht, ich habe Angst…"
Papa: *„Ich verstehe dich, mein Liebling, ja du hast Recht, das macht wirklich Angst, wäre auch für mich zu viel, ach, du Arme, komm her, lass dich von Papa drücken…"*

Besser wäre es, das Kind zu fragen, wovor genau es Angst hat und was man tun könnte, mit dieser Angst umzugehen: *„Was macht dir Angst? Was kann dir helfen, keine Angst mehr zu haben? Was können wir tun, damit der Mut wiederkommt?"*

Beispiel 2

„Mama ich fühle mich fett!" Das Kind ist wirklich fett und jeder sieht es und das Kind spürt und weiß es; die Mama: *„Nein, Kindchen, mach dir keine Sorgen, du bist so schön."*

So ein Lob, das nicht der Wahrheit entspricht, verursacht mehr Schaden in den Kindern als den Mund zu halten und nichts zu sagen. Am besten wäre ein Gespräch mit dem Kind darüber, wie es dazu kam und vor allem, welche Lösungswege es gibt, damit das Kind sich wieder wohlfühlt.

Warum fühlst du dich so? Woran könnte das liegen? Was können wir tun, dass du dich nicht mehr fett fühlst? Weniger Pommes? Mehr Sport?"

Von der Pubertät bis in die 20er Lebensjahren können schlechte Erfahrungen in Bezug auf Person und Aussehen besonders Mädchen sehr prägen. Es wird schwer werden, sich in Zukunft von den negativen Gefühlen aus dieser Zeit zu befreien, wenn sie nicht zeitnah beseitig werden. Verliebt sich in dieser Phase ein Mädchen, das nicht zierlich ist, in einen Jungen, der es ständig wegen seines Aussehens beleidigt oder es sogar deswegen verlässt, wird das Mädchen und später die Frau sehr lange damit kämpfen müssen. Es wird schwierig zu erreichen, dass sie sich als hübsch betrachtet. Solche Kinder werden sich öfter unterlegen fühlen, sie werden sich immer kritisieren und ein negatives Selbstbild haben, finden, dass alle Menschen besser sind als sie selbst. Sie werden eine negative Persönlichkeitsstruktur entwickeln, Angst haben, sich nicht trauen, einen Drang zur Perfektion haben und sie werden öfter als andere Kinder psychosomatische Krankheiten, wie Migräne haben. Sie werden Schwierigkeit haben, normale

Beziehungen zu führen, viele werden Depressionen entwickeln und einen Drang zum Suizid haben. Sie werden unglücklich sein.

Wenn wir

- **unseren Kindern nicht gesunde Anerkennung und Liebe geben**
- **unsere Kinder ohne Glaube erziehen**
- **Kindern keinen gesunden Rückhalt geben**
- **nicht zulassen, dass sie selbst durch ihre Fehler lernen**
- **ihnen alles abnehmen wollen**
- **sie zu sehr schützen oder sie zu sehr vernachlässigen**
- **unsere Kinder zu früh oder zu spät loslassen**
- **sie zu früh oder zu spät auf sich alleine stellen**
- **sie zu früh oder zu spät über sich selbst bestimmen und eigenständig entscheiden lassen**
- **ihnen zu viel oder zu früh, zu wenig oder zu spät Freiheit geben**
- **sie erniedrigen oder falsches Lob aussprechen**
- **in Konfliktsituationen unsere Macht ausspielen oder uns zu schwach zeigen (zulassen, dass sie ihre Macht ausspielen)**
- **bei Kritik nicht das Verhalten, sondern das Kind selbst kritisieren**

dann fördern wir das Entstehen von Minderwertigkeitskomplexen, die dazu führen, dass sie später kein Selbstbewusstsein und Selbstvertrauen haben.

Scheidung, Trennung

Trennungen führen zur Auflösung der familiären Strukturen, es fehlen feste Bezugspersonen, feste Bindungen und Verlustängste entstehen.

Ist eine Scheidung automatisch ein Familienbruch? Wenn eine Beziehung zerbricht, bedeutet das nicht unbedingt, dass die Familie auch zerbricht, dennoch sind die Kinder meistens die großen Verlierer.

Scheidungswillige und Scheidungsbefürworter sagen sehr optimistisch, um mit ruhigem Gewissen leben zu können, dass die Kinder nur geringen Schaden nehmen und weniger leiden, wenn man sich in Freundschaft trennt.

Wir hören von vielen, die sich getrennt haben: „Für die Kinder wäre eine Ehe mit Streit schlimmer als eine Trennung." Meiner Meinung nach kann man das nicht so einfach vergleichen und sich für die Trennung entscheiden.

In Gesprächen mit Eltern, die dich getrennt haben und aus meiner eigenen Erfahrung ist schnell festzustellen, dass es in erster Linie gar nicht um die Kinder geht, wenn Paare sich trennen. Sie trennen sich nicht, damit es die Kinder besser haben. Nein, der erste Grund sind sie selbst. Wenn es ihnen nicht mehr passt, trennen sie sich, auch wenn es den Kindern sehr gut geht. Würde es wirklich um das Wohl der Kinder gehen, würden sich viele Paare gar nicht trennen.

Wir benutzen demnach das Wohl der Kinder, um unsere ganz egoistischen Wünsche besser nach außen darstellen zu können und erklären warum diese Wünsche dem Kind nicht schaden. Wir benutzen die Kinder. Auch das ist Energieraub.

Mit Hilfe der modernen Psychologie haben wir uns mit dieser Denkweise, dass für die Kinder nichts schlimmer ist als Streit in der Beziehung, gemütlich eingerichtet.

Nach meiner Erfahrung und meinen Gesprächen mit Trennungskindern oder Erwachsenen, deren Eltern sich trennten wurde mir sehr schnell klar, dass auch bei einer Trennung ohne „Krieg" und mit breitem Lächeln auf dem Gesicht, vor allem die Kinder das Leid tragen.

Ich fragte mich immer mehr, nachdem viele Trennungsmenschen ihr Leid mit mir teilten, warum Studien uns immer wieder „Märchen" erzählen wollen? Ich habe das Gefühl, dass es in vielen Studien gar nicht darum geht, die Sache zu untersuchen, sondern nur darum, uns eine neue Einstellung zu geben, damit wir uns leichter scheiden lassen können. Fast 95% der Trennungsmenschen, mit denen ich redete, erzählten, dass sie unter der Scheidung oder Trennung gelitten hatten. Sie hatten den Streit besser ertragen können als die Trennung, und es ging ihnen nach der Trennung schlechter als vorher mit den kleineren Streitigkeiten zwischen den Eltern. Erstaunlicherweise dachten über 90% der Eltern, mit denen ich redete, das Gegenteil. Sie meinten, dass es den Kindern nach der Trennung besser ginge. Es sei nur schwer am Anfang gewesen, aber dann hätten sich die Kinder daran gewöhnt.

Dass diese Kinder auch nach Jahren noch Alpträume hatten und unglücklich waren – davor verschließen wir unsere

Augen. Wir wollen nicht sehen, dass wir den Kindern Schaden zugefügt haben, damit wir es nicht akzeptieren müssen.

Die Meinung der Eltern, die sich trennen, dass es für die Kinder besser ist und ihnen gar nicht so sehr schadet, ist zwar populär, aber nach meinen kleinen Recherchen und Gesprächen irreführend und sehr gemein. Sie dient nur dazu, ohne schlechtes Gewissen unser eigenes Leben, und nicht das Leben der Kinder, neu zu gestalten. Schade, dass wir ausgerechnet in diesem Moment den ebenfalls populären Ansatz der antiautoritären Erziehung, dass man, wenn es um das Wohl der Kinder geht, die Kinder selbst entschieden lässt oder sie zumindest fragen muss, ja, dass wir in diesen wichtigen und sonst so beliebte Grundsatz missachten und dann doch lieber autoritär handeln. Wir entscheiden und die Kinder müssen akzeptieren.

Kinder können echten Schaden nehmen, wenn die Eltern sich trennen und einige tragen den Schaden auch ihr ganzes Leben mit sich.

Es lassen sich ganz klar seelische und körperliche Störungen feststellen, sagte mir ein Psychologe, der meine Beobachtungen in einem Gespräch bestätigte. Er meinte: „Es ist grausam und sogar fahrlässig von den Eltern, solch hochnäsige, egoistische Behauptung aufzustellen, dass eine *gute* Trennung bei den Kindern kaum Schaden anrichtet. Das ist keine Liebe zu den Kindern. Das ist Liebe zu sich selbst und nichts anderes," sagte er genervt. Er nannte Studien, die das Gegenteil beweisen, unseriös und tendenziell.

Manche Trennungskinder, die nun selbst Eltern sind, erzählen mir immer noch von ihrem Leid und ihrer Enttäuschung, gerade jetzt, da sie selbst Kinder haben. Sie sind immer noch sauer auf die Eltern, besonders auf den Teil, der die Trennung vorangetrieben hat, weil sie dabei nicht an sie gedacht haben.

Noch schlimmer ist es für die Kinder, wenn die Beziehung in einer Schlammschlacht endet und sie Angst haben, einen Elternteil zu verlieren. Das war für viele meiner Gesprächsteilnehmer sehr schlimm. Sie lebten ständig mit dieser Angst und das tat ihnen weh. Das machte sie unsicher und sie fühlten sich gegenüber anderen Kindern minderwertig. Ein großes Problem für die Kinder ist auch die Scham. Was werden ihre Freunde sagen? Was wird die Umwelt sagen? Die Mitschüler und Sportkameraden, wenn sie das erfahren? Diese Fragen, die wir uns narzisstischen, erwachsenen Eltern nicht stellen, belasten unsere Kinder sehr. Sie fühlen sich alleingelassen und machen sich Vorwürfe: Vielleicht lag es an mir? Vielleicht hätte ich dies und das besser getan oder nicht getan? Vielleicht ist der Streit neulich zwischen Papa und Mama wegen mir der Grund für die Trennung?

Viele Kinder sagten mir, dass sie dann auch andere Ängste haben. Sie haben zum Beispiel Angst, dass ihre Freunde sie verlassen würden, weil es peinlich ist, dass sie ihr Viertel, ihre Schule, ihre Stadt usw. wechseln müssen und dadurch ihre bekannte Umgebung verlassen.

Auf jeden Fall ist eine Trennung für die Kinder eine große Belastung und da kann uns keine Studien das Gegenteil beweisen. Es geht nicht um „mehr oder weniger gut", es geht nur darum, ob die Trennung die Kinder belastet und ob sie darunter leiden. Die Antwort ist für die große Mehrheit der

Kinder „ja" und dann möchte ich wissen, wie so viele negative Emotionen in den Kindern eine Heimat finden sollen, ohne ihnen merklich zu schaden? Warum sollen ausgerechnet bei dem Thema Scheidung alle psychologischen Regeln über den Einfluss von negativen Gefühlen auf den Menschen nicht mehr gültig sein? Wie sollen die Kinder mit den negativen Gefühlen fertig werden, wenn man nicht sehr gezielt und aktiv daran arbeitet? Wie viele Eltern arbeiten gezielt daran, dass es ihren Kindern nach der Trennung besser geht als vor der Trennung, wenn sie doch sowieso davon ausgehen, dass es für die Kinder so besser ist?

Da Kinder, besonders wenn es ihnen schlecht geht, oft dazu tendieren, ihre Eltern zu schützen und viele Geheimnisse und Lügen mittragen, können wir ganz ruhig mit unserer Meinung leben. Wir rauben die Energie der Kinder, um unsere eigenen Wünsche und Träume auszuleben. Das ist auch ein Fall von Energievampirismus.

Der Streit innerhalb einer einzigen Welt soll die Kinder nicht belasten, deswegen trennen wir uns. Doch nach der Trennung bekommen die Kinder den Streit richtig zu spüren und müssen nun auch noch zwischen zwei Welten pendeln.

Bewegungs- und Sportmangel, schlechte und ungesunde Ernährung

Bewegung und Sport sind gesundheitsfördernd, nicht nur bei Erwachsenen, sondern auch bei Kindern. Bewegungsmangel und schlechte Ernährung können dazu führen, dass es unseren Kindern schlecht geht und dass sie unglücklich sind.

Schon als Baby ist Bewegung für Kinder extrem wichtig. Durch die Bewegung finden Kinder ihr Gleichgewicht und spüren sich. Reflexe werden aktiviert, Muskel aufgebaut, der Tastsinn wird stimuliert usw.

Wir Eltern müssen zulassen, dass sich unsere Babys aus eigener Kraft bewegen. Das ist sehr wichtig, damit das Baby seinen Körper spürt. Dadurch wird auch die Seele bearbeitet, sagte meine Oma immer. Sie lehnte ab, dass man einem Baby in seiner Bewegung hilft. Das Baby sollte alles alleine machen und dabei anfangen, seine Erfahrungen mit der Motorik zu machen. Es ist bereits bekannt, dass die Grobmotorik und die Feinmotorik auch mit der Sprachenwicklung zusammenhängen.

Später, wenn die Kinder älter sind, entspannt und beruhigt der Sport und er kann besänftigend auf gewaltbereite Kinder wirken. Sport hilft auch in der Schule. Kinder, die sich öfter sportlich betätigen, lernen auch einfacher und ihre Schulnote sind besser.

Bewegungsmangel und schlechte Ernährung gefährden die Kindergesundheit und die Eltern tragen dafür die Verantwortung.

Fettleibigkeit ist mittlerweile zu einem ernsten Problem geworden, nicht nur für die betroffenen Kinder und ihre Familien, sondern für die gesamte Gesellschaft. Die Kinder und ihre Eltern bewegen sich weniger, essen schlecht und werden immer dicker. Der Verzehr von fettreichen Fertiggerichten, von Fast-Food und Süßigkeiten ist mittlerweile die Standard-Ernährung in vielen Familien. Der Bewegungsmangel trägt dazu bei, dass unsere Kinder übergewichtig werden und davon krank und unglücklich werden. Die Eltern sind dafür verantwortlich. Auch dies ist ein Beispiel, wie manche Kinder mit Hilfe der eigenen Eltern regelrecht zum Unglücklichsein gemästet werden.

Ich habe bemerkt, dass Kinder von sportlich aktiven Eltern häufiger Sport treiben, als Kinder von sportlich inaktiven Eltern. Das heißt, es fehlt Kindern, die sich sportlich kaum bewegen, das Vorbild der Eltern für den Sport.

Die Folgen von Sport- und Bewegungsmangel und der falschen Ernährung, die zum Übergewicht führt, sind immens und sehr schädlich für die Kinder. Sie nehmen Einfluss auf die körperliche, seelische und geistige Entwicklung der Kinder bis ins Erwachsenalter: Schwächung des Immunsystems, Müdigkeit, Haltungsschäden, Probleme im Bewegungsapparat (Arthrose, Bandscheibenleiden, Osteoporose) Herz-Kreislauferkrankungen, Diabetes, Bluthochdruck, Herzinfarkt, Arteriosklerose, Schlaganfall, Rückenleiden,

Gliederschmerzen, geringere geistige und körperliche Leistungsfähigkeit, Verschlossenheit, Stresserkrankungen, mehr Risiko sich zu verletzen, da die Kraft, die Schnelligkeit, die Beweglichkeit, Reflexreaktionen sinken usw.

Damit sehen wir welche Verantwortung wir als Eltern tragen, falls wir unsere Kinder nicht dazu motivieren sich zu bewegen und ihnen falsche und schlechte Nahrungsmittel geben.

Der Bewegungsmangel und schlechte Ernährung gefährden tatsächlich und wissenschaftlich bewiesen die Kindergesundheit

Wir lassen die Kinder nicht mehr Kinder sein: Kinderkaffee, Kinderbier, Kindersekt und Kaugummizigaretten

Eine weitere Art, wie wir Eltern unseren Kindern schaden, ist die neue Mode, bereits Kindern Genussmittel der Erwachsenen anzubieten. So ist es bei vielen Kinderfeiern bereits normal, dass Kinderbier, Kinderkaffee oder Kindersekt angeboten werden.

Diese bewusste Programmierung der Nahrungsmittelindustrie, den Kindern schon jetzt ein Erwachsenenbedürfnis einzuimpfen, wird den Kindern schaden. Zum einen sind alkohol- oder koffeinfreie Getränke niemals 100% frei von Alkohol, Koffein und anderen schädlichen Stoffen, zum anderen gibt es keinen Unterschied im Geschmack zu den Getränken für die Erwachsenen. Dadurch gewöhnen sich die Kinder viel zu früh an diesen Geschmack und werden leichter und schneller zu Alkohol, Kaffee oder anderen Drogen greifen.

Durch die Begriffswahl werden in den Köpfen der Kinder bestimmte Verknüpfungen erstellt, zum Beispiel: feiert man eine Party, so gibt es Bier; sitzt man nett zusammen, trinkt man Kaffee; möchte man cool sein, raucht man eine Zigarette. Später, wenn sie älter sind, greifen sie dann natürlich nicht mehr zu Kinderbier und Kaugummizigarette, sondern trinken „echtes" Bier und rauchen echte Zigaretten.

Alle diese Dinge brauchen unsere Kinder gar nicht, aber wir versuchen, sie in unsere Welt zu ziehen und sie zu kleinen

Erwachsenen zu machen, anstatt sie in ihrer Kinderwelt zu lassen.

Das überfordert sie, weil sie gleichzeitig Kind und Erwachsen sein sollen, das erzeugt Druck und Verwirrung. So beschneiden wir ihre Kindheit, mit allen negativen Konsequenzen, die damit verbunden sind.

Kinder trinken kein Bier, keinen Sekt, keinen Kaffee und sie rauchen eine keine Zigaretten.

Die Sexualisierung von Mädchen durch ihren Kleidungsstil

Bei Mädchen gibt es noch einen anderen Bereich, in dem sie zu früh aus ihrer Kinderwelt gerissen werden, denn ihre Kleidung wird immer aufreizender. Auch hier lassen die Eltern das Mädchen nicht einfach Kind sein, sondern staffieren es als kleine Erwachsene aus.

Die Kleidung ist so übersexualisiert geschnitten, dass es fast normal ist, wenn die Mädchen ihren Körper nahezu nackt zeigen, den Bauch frei tragen, die gerade erst wachsenden Brüste vorführen und der Po kaum bedeckt wird. Man bringt so das Mädchen schon sehr früh indirekt in Kontakt mit Sex, man sexualisiert es, ohne ihm die notwendige Erotik zu vermitteln. Am Ende weiß das Mädchen nicht mehr, was Sexualität und was Erotik ist.

Zum anderen wissen wir nicht, wer hinschaut. Wir setzen die Mädchen der Gefahr sexueller Übergriffe aus, weil dieser Anblick bestimmte Männer anmacht.

Es schadet den Mädchen einfach, wenn man sie zu früh zu Frauen macht, weil sie kein natürliches, entspanntes, wertschätzendes Verhältnis zu ihrem Körper aufbauen können. Es kann zum einen passieren, dass andere sich über sie lustig machen und sie deswegen Komplexe entwickeln, oder sie lernen früh, dass andere ihren Körper als Objekt wahrnehmen.

Auch in diesem Punkt sollten wir Eltern die Kinder unbeschwert Kinder sein lassen.

Liebeskummer und sexuelle Frustration bei Kindern

In Afrika lernte ich sehr früh, dass man mit der Sexualität der Kinder aufmerksam sein muss. Gespräche mit Erwachsenen ließen mich erkennen, dass auch Kinder Liebesgefühle empfinden. Wenn diese negativ verarbeitet werden, dann können sie zu negativen Folgen führen. Es können sich daraus wirklich tiefe, verletzte Gefühle entwickeln, die dann die weitere Persönlichkeitsformung und Entwicklung der Kinder nicht nur in affektiven Bereichen, sondern auch in seelischen und sogar körperlichen Bereichen stark prägen und beeinflussen.

Viele Personen, besonders Frauen, erzählten mir, dass sie bereits in jüngerem Alter das andere Geschlechter anziehend fanden und verliebt waren. Sie sagten, dass sie im Alter von 8, 9, oder 10, 11, 12 schon Lust hatten, einen Jungen zu küssen oder wünschten, dass er sie streichele, so wie Papa und Mama es machten, oder wie sie es im Fernsehen und Internet sahen.

Etliche die sich bei mir meldeten, wollten mir erzählen, wie ihre schlechten Erfahrungen von damals sie negativ beeinflusst hatten.

Einige sahen ihr Selbstbewusstsein und ihren Selbstwert beeinträchtigt. Viele sagten, wie unangenehm das Küssen gewesen war, weil der Junge aus dem Mund stank, und dass sie seitdem sehr pingelig sind beim Küssen und ihre Männer unbewusst danach aussuchen (sie sollen nicht aus dem Mund stinken). Manche erzählten, dass sie ich schlecht fühlten, als die Jungs ihre Finger dahin steckten, wo sie sie aber nicht haben wollten, und dass sich daraus ein seltsames Schamgefühl entwickelte, das bis ins Erwachsenenalter anhielt.

Eine ältere Dame von fast 60 sagte mir in meinem Coaching, dass ihr noch heute präsenter Körperkomplex ausgelöst worden war durch die Aussage eines elfjährigen Jungen mit dem sie im Bett lag und sich gegenseitig streichelte, wie „Papa und Mama". Sie war neun damals. Irgendwann sagte der Junge ihr, dass sie am Bauch zu fett wäre „Du bist zu fett am Bauch, du hast einen Speckbauch". Das ging ihr nicht mehr aus dem Kopf. Sie schämte sich und fühlte sich auf einmal hässlich und wollte nicht mehr, dass jemand ihren Körper sieht. Ab da fing sie mit Diäten an, was ihre Eltern nie verstanden, da sie eigentlich dünn war. Daraus entstanden dann Bulimie und weitere psychische Störungen.

Ein Mann erzählte mir, dass er mit neun schon anfing, Pornofilme zu schauen. Seine Eltern hatten ihm schon mit sieben einen Fernseher ins Zimmer gestellt und mit neun einen Laptop. Er konnte schauen, was er wollte. Einmal sah er im Fernsehen eine Sexszene und imitiert sie. Er guckte im Internet und sah auch, wie Männer es machten. Er probierte es aus und es gefiel ihm. Er fing an, mehrmals täglich Filme zu schauen und zu masturbieren. Eines Tages, mit zehn oder elf, versuchte er, das vor einem Mädchen zu machen. Das Mädchen sagte ihm, dass es eklig und pervers sei. Sie erzählte es ihren Eltern, die wiederum seine Eltern informierten und er wurde scharf gerügt. Er war tief frustriert. Er verknüpfte dann Masturbieren mit Perversität in seinem Kopf und daraufhin entwickelte sich seine Sexualität negativ, aber auch sein Gefühl zu sich selbst. Nur die Tatsache, dass er früh Lust hatte war sein Verhängnis.

Ich könnte noch mehr Beispiele erzählen. Fakt ist, dass manche Kinder durch schlechte verarbeitete frühkindliche Liebesgefühle und sexuelle Gelüste unglücklich wurden.

Die Kinder reden oft nicht mit den Eltern darüber, weil sie es peinlich finden und tragen somit die Schmerzen, Verletzungen und Niederlagen Jahre mit sich. So entstehen später noch viel schlimmere psychische Probleme.

Aufstand der Kinder –
Tipps, Tricks und Geheimnisse für eine liebevolle Erziehung von Kindern und Erwachsenen, mit praktischen, anwendbaren Fallbeispielen mit sofortigen positiven Ergebnissen, auch bei harten Fällen

Jetzt haben wir viel darüber gelernt, was wir falsch machen. Im zweiten Band geht es darum, wie wir unsere Kinder stark, gesund, und glücklich machen und sie für alle Eventualitäten des Lebens ausrüsten.

In diesem Buch erfährst du Lösungen, die du noch nicht kennst und erfährst neue, unkonventionelle, afrikanisch inspirierte Ansätze, die sehr effektiv sind und dir im Alltag helfen.

Anhand vieler praktischer Fallbeispiele werde ich zeigen, wie Erziehung gelingen kann. Ich biete Lösungen zu vielen alltäglichen und grundlegenden Fragen aller Eltern, zum Beispiel:

- Wie beugt man vor, dass Kinder später anfällig sind für Depressionen?
- Wie „zähme" ich ein Kind, das mich terrorisiert?
- Wie bekommt man kleine Diktatoren in den Griff?
- Wie erreicht man, dass Kinder auf einen hören?
- Wie bringe ich meinen Kindern Respekt bei?

- Wie kann ich meinem Kind helfen, seine Ängste zu überwinden und selbstbewusst zu sein?
- Wie kann ich meinem Kind beibringen, sich selbst zu lieben und sich so zu akzeptieren, wie es ist?
- Wie bringe ich meinem Kind bei, mit Druck aus Gesellschaft, Schule, Freunden oder Sport zurechtzukommen?
- Wie bringe ich meinem Kind bei, klare Grenzen zu setzen, aber gleichzeitig offen und freundlich zu sein?
- Wie gehe ich mit meinen Kindheitserfahrungen um?
- Wie verarbeite ich negative Erlebnisse und Prägungen?
- Wie nabele ich mich von meinen eigenen Eltern ab, um mein Kind frei vom alten Familienballast erziehen zu können?
- Was soll ich beachten, damit ich meine negativen Erfahrungen nicht weitergebe und mein Kind dadurch negativ programmiere?

Der zweite Band wird voraussichtlich im Herbst 2016 erscheinen. Nähere Informationen unter www.indayi.de

Weitere Bücher von indayi edition

Dantse Dantse
Smart Coaching - knapp auf den Punkt gebracht

Das ultimative Anti-KREBS Buch

NEU: afrikanische Anti-Krebs-Kochrezepte

Unsere Ernährung - Freund und Feind
Krebszellen-Fütterer
Krebszellen-Killer
Krebszellen-Verhinderer

mit neuen Erkenntnissen und Top-Tipps, die wirklich helfen

afrikanisch inspiriert wissenschaftlich fundiert

Lebensmittel und eine afrikanisch inspirierte Ernährung, die dich vor Krebs schützen und ihn bekämpfen!

Dantse Dantse
Smart Coaching - knapp auf den Punkt gebracht

Wie Ernährung Krebs auslöst

KREBS

Gifte
Zusatzstoffe
freie Radikale

mag **Weizen**
liebt **Zucker**
und knutscht **Milch**

Einstieg 3:
Krebserregende Ernährung & Giftstoffe in Lebensmitteln

...in Fleisch
...in Gewürzen
...in Getränken
...in Süßigkeiten
...in Fertiggerichten
...in Babynahrung
...und viel mehr!

afrikanisch inspiriert wissenschaftlich fundiert

altes Wissen neue Erkenntnisse

Dantse Dantse
Smart Coaching - knapp auf den Punkt gebracht

KREBS

hasst **Safou**
fürchtet **Moringa**
kapituliert vor **Yams**

Lebensmittel und eine afrikanisch inspirierte Ernährung, die dich vor Krebs schützen und ihn bekämpfen!

Kochbananen
Knoblauch
Ingwer
Okraschoten
Himbeeren

...und vieles mehr!

afrikanisch inspiriert wissenschaftlich fundiert

mit afrikanischen Kochrezepten
altes Wissen neue Erkenntnisse

❖**DEPRESSION**
❖**BORDERLINE**
❖**ESSSTÖRUNG**

31 Tage
tiefe Einblicke in eine kranke Seele, wie sie nicht einmal Psychologen mitbekommen

Bewegende Tagesabläufe:
Das Minutenprotokoll einer psychisch kranken Frau

Geschichten, die therapieren

Larissa S.

Bouba, Jonas und der Hund Babou

Drei kleine verrückte Hobby-
forscherschüler aus
Darmstadt-Woog auf der
Entdeckungsreise zu den
Wissensgeheimnissen
unterwegs durch die ganze
Welt

Viele
Freundschaft
und Liebe können
mit Feindschaft
und Hass
beginnen

BAND 3:

Werden Bouba und
Jonas jemals Freunde?

Text: Dantse Dantse
Bilder: Sankara Dantse Dantse (7 Jahre)

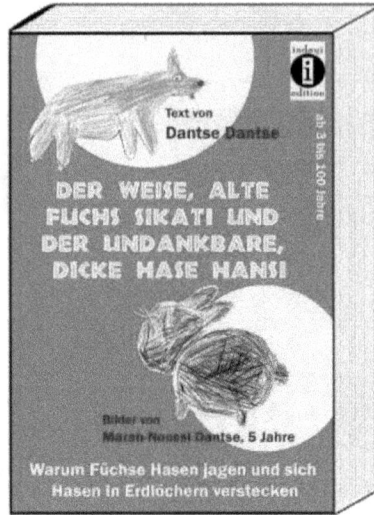

Text von
Dantse Dantse

DER WEISE, ALTE
FUCHS SIKATI UND
DER UNDANKBARE,
DICKE HASE HANSI

Bilder von
Macan-Noossi Dantse, 5 Jahre

Warum Füchse Hasen jagen und sich
Hasen in Erdlöchern verstecken

Text: Dantse Dantse

Könige der Tiere

Bilder: Sankara
Dantse Dantse
(7 Jahre)

Darum wurde der
Adler König der
Tiere in der Luft...

...und der Hai
König der Tiere im
Wasser

...und der
Löwe König der Tiere
auf dem Land

...und der Bär, der Geier, der Delfin aber nix

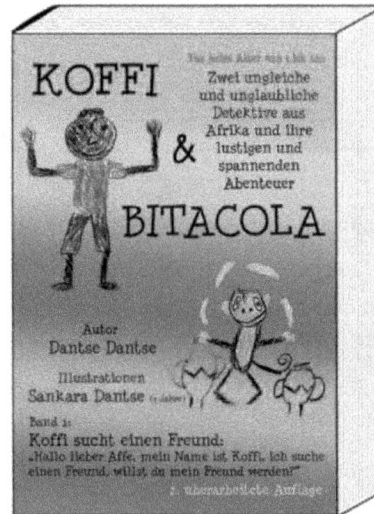

KOFFI

&

BITACOLA

Zwei ungleiche
und unglaubliche
Detektive aus
Afrika und ihre
lustigen und
spannenden
Abenteuer

Autor
Dantse Dantse

Illustrationen
Sankara Dantse (7 Jahre)

Band 1:
Koffi sucht einen Freund:
„Hallo lieber Affe, mein Name ist Koffi, ich suche
einen Freund, willst du mein Freund werden?"

1. überarbeitete Auflage

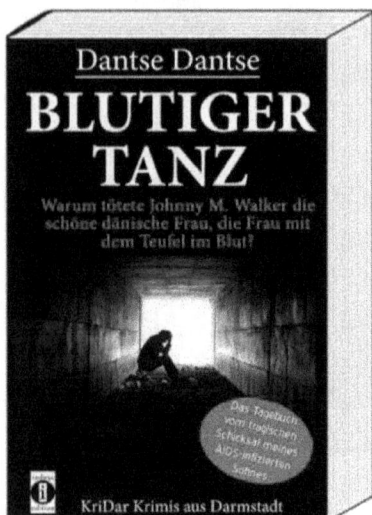

Dantse Dantse

BLUTIGER TANZ

Warum tötete Johnny M. Walker die
schöne dänische Frau, die Frau mit
dem Teufel im Blut?

Das Tagebuch
vom tragischen
Schicksal meines
AIDS-infizierten
Sohnes

KriDar Krimis aus Darmstadt

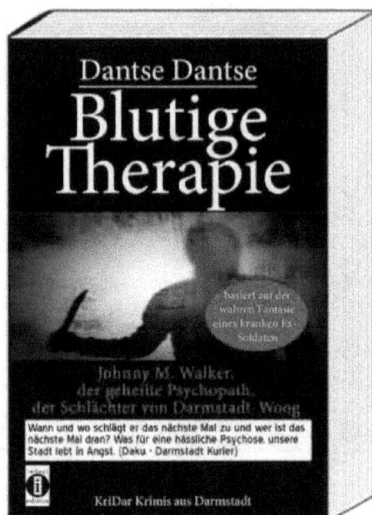

Dantse Dantse

Blutige Therapie

basiert auf der
wahren Fantasie
eines kranken Ex-
Soldaten

Johnny M. Walker,
der geheilte Psychopath,
der Schlächter von Darmstadt-Woog

Wann und wo schlägt er das nächste Mal zu und wer ist das
nächste Mal dran? Was für eine hässliche Psychose, unsere
Stadt lebt in Angst. (Daku · Darmstadt Kurier)

KriDar Krimis aus Darmstadt

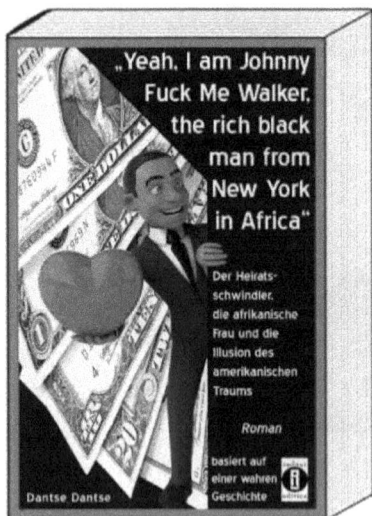

„Yeah, I am Johnny
Fuck Me Walker,
the rich black
man from
New York
in Africa"

Der Heirats-
schwindler,
die afrikanische
Frau und die
Illusion des
amerikanischen
Traums

Roman

basiert auf
einer wahren
Geschichte

Dantse Dantse

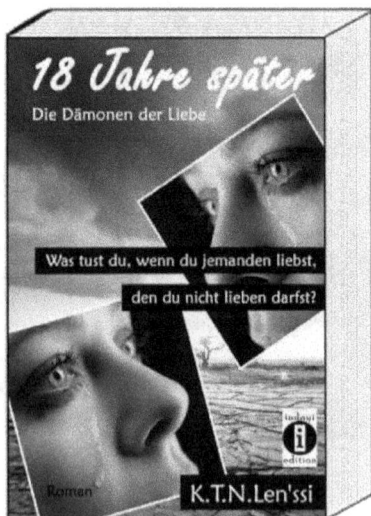

18 Jahre später

Die Dämonen der Liebe

Was tust du, wenn du jemanden liebst,
den du nicht lieben darfst?

Roman

K.T.N. Len'ssi

192

www.ingramcontent.com/pod-product-compliance
Lightning Source LLC
Chambersburg PA
CBHW060517090426
42735CB00011B/2268